나를 향해
걷는
열 걸음

나를 향해
걷는
열 걸음

단 하나의 나로 살게 하는
인생의 문장들

최진석 지음

열림원

○ 일러두기

이 글은 2020년 7월부터 2021년 4월까지, 최진석 교수와 함께하는 독서 운동 '책 읽고 건너가기'의 내용을 바탕으로 하였다.

중요한 것은 자기가 원하는 삶을 사는 것,
그것뿐이지요.

책 읽기는 '마법의 양탄자'를 타는 일입니다. 하늘을 나는 융단에 몸을 싣고 '다음'을 향해 가는 일, 그것을 가능하게 하는 힘이 곧 상상력이고 창의력이지요. 높은 지혜는 인간을 '다음'으로 나아가게 하는 힘입니다. 인간은 머무르지 않고 변화하는 존재이기에 멈추면 부패하지만 건너가면 생동합니다.

건너가기를 멈추면 양심도 딱딱하게 권력화됩니다. 건너가기를 멈추고 자기 확신에 빠진 양심은 양심이 아니라 폭력입니다. 도덕도 마찬가지입니다. 건너가기의 힘은 책 읽기로 가장 잘 길러집니다. 우리 함께 책을 읽고 건너갑시다.

마사 누스바움Martha C. Nussbaum의 책 『역량의 창조』에는 이런 대목이 나옵니다. "파키스탄 경제학자 고故 마붑 울 하크Mahbub ul Haq가 1990년 유엔개발계획의 「인간개발보고서」를 처음 발간하며 이렇게 말했다. '한 국가의 진정한 부는 국민이다. 국민이 오랫동안 건강하고 창의적인 삶을 누릴 환경을 만들어내는 것이 개발의 진정한 목적이다. 이 간단하지만 강력한 진실은 물질적–금전적 부를 추구하는 과정에서 종종 잊히곤 한다.'"

마붑 울 하크는 국가를 놓고 말했지만, 인간 삶의 근본 토대를 '건강'과 '창의력'으로 보는 것은 매우 옳고 정확한 시선입니다. 우리가 살아가는 데 몸과 마음의 '건강'이 중요하다는 것은 누구나 인정하는 사실이지요. 이와 달리 '창의력'은 단순히 여러 기능적 능력 가운데 하나로만 여겨집니다. 오히려 그것이 인간을 인간답게 만드는 근본 조건임은 쉽게 잊어버리지요.

인간은 가장 근본적 의미에서 문화적 존재입니다. 문화적 존재라 함은 무엇인가를 만들어서 변화를 야기하는 존재라는 뜻입니다. 변화를 딛고 아직 알려지지 않은 미지의 영역으로 건너가는 것이 인간의 근본적인 활동이지요.

앞서 이야기했듯이 다음 단계로 건너가는 그 힘을 우리는 창의력이라고 합니다. 그리고 '대답'은 건너가기를 멈춘 상태에서의 소극적 활동이고, '질문'은 전에 알던 세계 너머로 건너가고자 하는 적극적 시도입니다. 전자에는 창의의 기풍이 없지만 후자에는 창의의 기풍이 꽉 차 있지요. 세계는 대답하는 습관으로 닫히고 질문하는 도전으로 열립니다.

책 읽기는 정보 수집이 아니라 일종의 수련입니다. 낱말과 문장을 이해하는 것이 독서의 전부는 아닙니다. 책을 읽는다는 건 낱말과 낱말 사이, 문장과 문장 사이에 텐트를 치고 남몰래 머무는 것입니다. 여기서 중요한 표현은 '남몰래'입니다. 문장들 사이에 자기만의 처소를 다지는 것이 책 읽기의 핵심이기 때문입니다.

물론 쉽지 않은 일입니다. 책을 쓴 자의 길을 신경 써서 따르기도

하고, 거기서 또 내 길까지 찾아야 하니 간단하지 않은 일이지요. 이 두 가지 일이 하나가 되어야 하지만, 그것을 의식하고 하나로 만들려고 하면 잘 안 될 것입니다. 그저 우호적인 태도로 읽고 또 읽으면 됩니다. 자비와 사랑으로 읽다 보면 세계에 대한 관심과 애정이 생깁니다. 그럼 즐겁지 않을 수가 없지요.

우리는 보통 '공을 이룬다'는 의미에서 '성공成功'이라고 하는데, 노자는 '공이 이루어진다' 혹은 '공이 드러난다'는 의미에서 '공성功成'이라고 합니다.『순자』의「권학」에서도 배울 것이 있습니다. 순자는 바람과 비를 갖고 싶으면 우선 흙을 쌓아 산을 이루라고 합니다. 그러면 바람과 비가 거기서 자연스럽게 생긴다는 것이지요. 흙을 쌓고 산을 이루는 수고만 하면 바람과 비는 행운처럼 그냥 드러납니다.

바람과 비는 만들어 갖는 것이 아닙니다. 내 수고를 거쳐 현현하는 그들을 맞이하는 것입니다. 다만 나타난 결과가 온전히 자리 잡을 수 있도록 마음의 터전을 닦고 또 닦을 뿐이지요. 이렇듯 심리적인 준비가 중요합니다. 다시 말씀드리지만 우호적인 마음으로 책을 대하는 것이 가장 우선입니다. 그럼 읽을수록 점점 더 책이 재미있어질 겁니다.

어떤 분들은 '책 읽고 건너가기'에 어떻게 참여하냐고 묻습니다. 책을 읽는 자체로 이미 참여한 것입니다. 형식적으로나마 강제 장치가 있으면 더 좋겠다고 하시는 분들도 계십니다. 일리 있는 말씀입니다. 그러나 우선은 다른 장치 없이, 모든 개인에게 감춰진 위대한 자발성만을 유일한 강제 장치로 사용합니다. 이보다 더 큰 강제 장치가 있으면 제게 알려주시기 바랍니다.

'건너가기'를 하는 삶이 가장 인간다운 삶이며, 책 읽는 습관을 쌓으면 그 내공을 더 키울 수 있습니다. 이제 본격적으로 건너가기의 내공 키우기를 시작하겠습니다. 우리 모두 책을 읽고 '마법의 양탄자'에 올라탑시다. 여러분의 건투를 빕니다.

contents

1

서문
6

첫 번째 걸음
미겔 데 세르반테스 『돈키호테』

'미친놈'만이 내 세상의
주인이 된다

최진석의 독후감
—
"우선 쭈그러진 심장부터 쫙 펴십시오"
15

2

두 번째 걸음
생텍쥐페리 『어린 왕자』

나에게 우물은 무엇인가

최진석의 독후감
—
"내 별을 봐, 바로 우리 머리 위에 있어"
35

6

여섯 번째 걸음
조지 오웰 『동물농장』

모든 존재는 '스스로'
무너진다

최진석의 독후감
—
"한 번도 경험해보지 못한
편안한 잠"
157

7

일곱 번째 걸음
조너선 스위프트
『걸리버 여행기』

깨어 있는 사람만이
여행할 수 있다

최진석의 독후감
—
"여행을 떠나는 것이 나의 운명"
189

8

여덟 번째 걸음
이솝 『이솝 우화』

'내'가 궁금하면
길을 찾지 말고
이야기를 하라

최진석의 독후감
—
"한 마리이긴 하지.
하지만 사자야"
233

3

세 번째 걸음
알베르 카뮈 『페스트』

부조리한 세상에서
사람답게 산다는 것

최진석의 독후감
—
"인간은 하나의 관념이 아니다"
57

4

네 번째 걸음
헤르만 헤세 『데미안』

그것이 왜 그토록
어려웠을까?

최진석의 독후감
—
"이제는 한 번이라도
진짜로 살아보고 싶다"
91

5

다섯 번째 걸음
어니스트 헤밍웨이
『노인과 바다』

'나'로서 승리하는 삶

최진석의 독후감
—
"파멸할 수는 있어도
패배하지는 않는다"
125

9

아홉 번째 걸음
루쉰 『아Q정전』

나는 아Q인가 아닌가

최진석의 독후감
—
"바라는 것이 무엇인지 그 자신도 몰랐다"
267

10

열 번째 걸음
유성룡 『징비록』

치욕을 또 당하지 않으려면

최진석의 독후감
—
"신에게는 아직 열두 척의 배가 있습니다"
303

감사의 글
332

Miguel de Cervantes
Don Quijote

1

미겔 데 세르반테스
『돈키호테』

'미친놈'만이
내 세상의
주인이 된다

진짜 인간은 한곳에 멈춰 머무르지 않고 아무 소득이 없어 보여도 애써 어디론가 떠나 건너간다. 건너갈 그곳은 익숙한 문법으로는 아직 이해되지 않아서 무섭고 이상한 모습으로 나타난다. 여기서 무모한 도전과 모험이 등장한다. 대답하는 습관을 벗고, 질문하기 시작한다. 불가능해 보이는 꿈을 꾸고, 닿지 않는 별을 잡으려고 하는 자가 있다면, 그가 진짜 인간이다. 진짜 인간이 세상의 주인이다. 돈키호테에 배워야 할 때다.

'책 읽고 건너가기'의 첫 번째 책으로 『돈키호테』를 선택하신 이유는 무엇인가요?

┃지금 우리 사회에 '돈키호테'가 필요하기 때문입니다. 우리는 '돈키호테' 같은 모험가가 되어 건너가야 하고, 더 나아져야 합니다. 인간은 건너가는 존재입니다. 건너가는 존재란 멈추지 않는 존재를 뜻하지요. 생각도 몸도 멈추지 않고 지향도 멈추지 않아야 합니다. 니체는 이렇게 말했습니다. "괴물과 싸우는 자는 스스로 괴물이 되지 않도록 매우 조심해야 한다." 우리가 괴물과 싸우면서 또 다른 괴물이 되는 이유는 싸울 때 가졌던 생각에서 멈춰버리기 때문입니다. 인간은 계속 이동해야 합니다. 이것을 우리는 살아 있다고 표현하지요.

대답은 멈추는 것이고 질문은 건너가는 것입니다. 다시 말해 질문은 이동하는 것이고 대답은 틀에 박힌 것이지요. 이 세상에 대답의 결과로 나온 것은 단 하나도 없습니다. 모든 것이 질문의 결과입니다. 우리가 건너가려는 곳은 가본 적도 이해해본 적도 없는 두려움의 대상입니다. 우리는 공포심 때문에 그곳을 위험하다고 생각하지만 건너가려는 자는 그 위험을 무릅써야 합니다. 이것을 용기라고 부르지요.『돈키호테』속 많은 모험은 건너가는 자의 이야기고, 질문하는 자의 이야기며, 이 세상의 주도권을 가진 자의 이야기입니다.

용기가 없다면 어떤 기준을 가지고 어디서 해답을 찾아 일을 저질러야 하나요?

▎건너갈 때 발동하는 용기는 매우 원초적이고 동물적입니다. 이성으로 되는 일은 아니지요. 글을 쓸 때도 마찬가지입니다. "어머니의 젖을 빨던 때의 영혼을 가지고 있으면 펜이 그 영혼을 따라간다." 태초부터 지녔던 이성 전의 이성, 그것이 사람을 건너가게 하는 용기의 근원입니다. '어머니의 젖을 빨던 때의 영혼', 그것을 돈키호테가 말하고 있더군요.

미리 해답을 찾아놓고 일을 저지른다는 것은, 자신은 태초의 영혼을 기억하지 못하면서 다른 사람이 그 영혼으로 발견한 세계를 수용만 하겠다는 뜻입니다. 거기에 자기는 없어요. 비유적으로 얘기하면 과학에도 이론을 만든 사람이 있고, 그것을 수용한 사람이 있습니다. 과학 이론을 수용한 사람은 이미 체계화된 논리에 기대어 과학을 받아들이지만 그것을 생산하는 사람은 원초적인 호기심, 이성 전의 이성으로 새로운 과학을 창조합니다. 수용자를 벗어나 생산자가 되려면 누군가가 내놓은 결과를 받아들이기만 할 게 아니라 내가 그 원초적 영혼과 용기를 회복해야 합니다. 저는 『돈키호테』를 읽으면서 그것이 가능하다고 느꼈지요.

『돈키호테』를 읽으면 그런 원초적인 호기심을 회복할 수 있다는 건가요?

▌돈키호테가 우리에게 그 말을 하려던 것 같아요. "이미 정해진 것, 다른 사람들이 다 좋다고 하는 것, 이런 것에 빠지지 마라. 거기에 너는 없다. 너는 어디에 있느냐? 바로 너의 덕, 어머니의 젖을 빨던 그 영혼에 있다. 그것을 회복할 때 비로소 너 스스로의 모험이 가능해진다."

그렇다면 돈키호테는 어떤 사람인가요? 저는 돈키호테가 육십 세의 나이에도 자기 생각대로 행동하는 게 너무 부러웠습니다. 당시 평균수명으로 따지면 지금의 팔구십 세인데 그는 그 나이에도 아무런 거리낌 없이 바로 행동하는 사람이잖아요.

┃돈키호테를 한마디로 정의하면 '자신을 섬기는 자'라고 할 수 있습니다. 일단 모험을 하려면 자신의 습관과 주위의 시선을 이겨내야 합니다. 돈키호테를 보세요. 책을 읽기 위해 좋아하는 사냥을 끊었습니다. 가진 것을 모두 팔아 책을 샀지요. 그는 보통 모험가가 아닙니다. 책에 미친 모험가예요. 이 정도로 결행하지 않으면 모든 것이 어정쩡해집니다. 우리는 그가 막무가내 모험가가 아닌 굉장히 지적인 모험가라는 걸 알아야 해요. 그에게는 그를 지배하는 이론 같은 강력한 체계가 없었습니다. 돈키호테는 책을 통해 체계를 넘어선 사람이에요. 미쳤기 때문에 다른 사람의 시선을 의식하지 않고 온전히 자신에게만 집중할 수 있었지요.

산초는 이렇게 말합니다. "저는 왕을 제거하지도 왕을 세우지도 않습니다요. 다만 저는 저를 도울 뿐이지요. 제가 저의 주인이니까요." 이와 비슷한 이야기를 돈키호테도 합니다. "너 자신을 알고자 노력하면서 네가 누구인지에 대해 눈을 떠야 한다." 내가 누구인지를 아는 것이야말로 인간이 생각할 수 있는 범위 내에서 가장 힘든 일입니다. 노자의 『도덕경』에도 이런 말이 나옵니다. "승인자유력 자승자강勝人者有力 自勝自强." 남을 이기는 사람은 힘만 센 것이고, 나를 이기는 사람이 진정한 강자다. 자신의 습관과 주위의 시선을 모두 이겨낸 돈키호테가 바로 진정한 강자, '자신을 섬기는 자'라고 볼 수 있겠지요.

우리는 왜 자신을 섬겨야 할까요? 체스 게임이 계속되는 동안 각각의 말은 제 역할을 합니다. 하지만 게임이 끝나면 모두 주머니 안에서 뒤섞이지요. 마치 목숨이 다해 무덤으로 들어가듯이 말입니다. 자기가 자기로 존재하지 않고 무리 속에서 구별되지 않는 임의의 무언가로 존재한다면 그건 죽은 것과 다름없지요.

> '나는 체스판 위에서 하나의 말로 살고 있는가? 아니면 주머니 속에서 이름도 의미도 없이 섞이고 있는가?' 고민해볼 수 있겠네요.

▍자기 자신으로 존재하는 것이 왜 중요할까요? 사람은 우리 가

운데 한 명으로 존재하면 폐쇄되고 굳어버립니다. 다수가 공유하는 관념에 갇히기 때문이지요. 그때 나를 나답게 하는 것이 '덕'입니다. 이 덕은 궁금증이나 호기심으로 드러나며 개방적입니다. 우리는 흔히 나로 존재하는 자를 폐쇄적인 이기주의자로 생각하고, 우리로 존재하면 개방적이고 헌신적인 사람으로 생각하는 경향이 있는데 실은 그렇지 않습니다. 오히려 나로 사는 사람이 개방적이고, 우리 중 한 명으로 사는 사람이 폐쇄적이지요. 모험은 덕이 행동으로 나타난 결과입니다. 다르게 말하면 호기심과 궁금증이 없는 사람은 모험할 수 없다는 뜻이 되지요. 나로 존재하는 것이 괴팍한 돈키호테나 최진석에게만 해당하는 이야기는 아닙니다. 개방적이고 창의적이고 생산적이며, 자유롭고 독립적이고 주체적으로 살고 싶은 사람이라면 반드시 해야 하는 일이지요. 그럴 능력이 있는 사람만이 이 모험을 끝내고 다음으로 건너갈 수 있는 것입니다.

『돈키호테』를 쓴 세르반테스는 어떤 사람인가요?

▎세르반테스는 돈키호테와 산초가 합쳐진 인물 같습니다. 세르반테스 자신이 굉장한 고난을 겪은 사람이잖아요. 되는 일이 하

나도 없었지요. 베스트셀러를 쓰고도 자기 손에 들어오는 돈이 한 푼도 없었어요. 세르반테스가 전쟁에 참여하는 과정을 보면 그는 한순간도 호기심을 놓아본 적이 없는 사람 같습니다. 그래서 저는 세르반테스야말로 매우 덕이 충만한, 스스로를 섬기는 사람이 아니었을까 생각합니다. 그는 뛰어난 호기심 덕분에 엄청난 양의 지식을 습득할 수 있었지요. 소설 속에 담긴 지리적-문학적 지식의 깊이는 정말 감탄할 정도입니다.

돈키호테는 온갖 역경을 겪으면서 산초에게 이렇게 말합니다. "산초야, 행운은 빼앗을 수 있을지 몰라도 노력과 용기는 빼앗지 못할 것이다." 저는 이 말이 너무 와닿았습니다. '오지 않는다고 해서 화낼 필요 없다. 노력과 용기는 거짓이 없고 배신이 없다.' 이런 게 느껴졌거든요.

▎저는 산초의 말이 기억에 남는군요. "스스로 주인이 되어라. 자신을 섬겨라. 모험을 해라. 질문을 해라." 그리고 이 모든 것을 가능하게 하는 근본적인 문장 하나를 발견했지요. "우선 쭈그러진 심장부터 쫙 펴십시오." 전전긍긍하고 노심초사하는 것, 계산 속에 빠져 모험하지 않는 것, 손에 닿지 않는 것은 일찍

이 포기해버리는 것, 불가능해 보이는 도전은 엄두도 내지 않는 것…… 이 모든 일이 우리가 쭈그러진 심장을 가진 탓은 아닐까 생각해보게 되었습니다. 모두 쭈그러진 심장부터 쫙 펼 수 있으면 좋겠네요.

어떻게 쭈그러진 심장을 펼 수 있을까요?

| 우선 자기가 무엇을 원하는지, 어떤 사람이 되고 싶은지를 알아야 합니다. 자기 자신을 잘 알아야 하는 것이지요. 이는 하나의 낭만적 명제가 아닙니다. 나를 아는 것이 모든 위대함을 실현하는 근본이기에 중요한 겁니다. 돈키호테는 산초가 섬을 다스리러 갈 때 세 가지 가르침을 줍니다. "첫째, 지혜롭게 행동해야 한다. 많이 알고, 지성을 영민하게 사용할 수 있어야 한다. 둘째, 네가 누구인지 알아야 한다. 셋째, 관대해야 한다." 모든 도덕적-윤리적 결단은 자기 자신이 누구인지 아는 것에서부터 시작합니다. 여럿 중의 하나로 존재하는 한 우리는 지적 창의도 예술적 모험도 불가능하지요. 내가 누구인지부터 알라는 말은 현실이 어떻게 되든 상관하지 말라는 뜻이 아닙니다. 오히려 나의 근본을 바로잡아 현실을 제대로 관리할 수 있는 힘을 기르라

는 의미지요.

심장은 왜 쭈그러질까요? 내 눈으로 나를 보지 않기 때문입니다. 내가 나를 믿지 않고, 내가 나를 사랑하지 않는 것이지요. 다른 사람들의 기준에 맞춰 나를 비교하며 살아가려고 합니다. 내가 기준이 되어야 삶의 만족도도 높아지고 현실에서의 성취도 커집니다. 외부의 것과 비교하거나 외부의 것을 추종하며 자신의 존재 가치를 찾으려고 한다면 우리는 주머니 속 체스 말에 불과합니다. 그건 곧 죽은 거예요. 다른 사람이 아닌 나를 볼 때 자신을 사랑할 수 있습니다. 내가 원하는 것을 알고, 어떤 사람이 되고 싶은지 알 수 있습니다. 그러면 쭈그러진 심장도 쫙 펼 수 있겠지요.

돈키호테의 미친 정신을 망가뜨린 사람이 누군가요? 카라스코 학사입니다. 그는 공부를 많이 한 사람이에요. 공부를 많이 했다는 건 하고 싶은 것보다 해야 되는 것을 더 많이 했다는 의미입니다. 바라는 것보다 바람직한 것을 더 많이 알고, 좋아하는 것보다 좋은 것을 더 많이 아는 사람이지요. 저는 세르반테스가 의도를 가지고 학사를 배치했다고 생각합니다. 그는 정해진 윤리, 정해진 논리, 정해진 가치 규범으로 돈키호테를 다시 고향으로 끌고 들어왔어요. 돈키호테가 자기 자신일 때는 전부 미쳤다고 하더니 다수의 가치관을 따르자 다들 정상이라고 합니다. 그래서 돈키호테는 어떻게 됐나요? 죽었어요. 나로 살다가 우리가 되는 순간 죽어버렸습니다. 나로 미쳐서는 생기발랄한 모험을 멈추지 않았는데, 끌려와 다시 우리 안에 집어넣어진 순간 그는 죽었습니다. 돌아온 돈키호테를 보며 주위 사람들은 박수를 쳤습니다. 돈키호테가 자신에게 박수를 친 게 아니에요. 제가 이 책을 읽고 하고 싶었던 말입니다. 우리 모두 돈키호테처럼 죽지 않도록 "쭈그러진 심장을 쫙 폅시다".

"우선 쭈그러진 심장부터 쫙 펴십시오"

‡

‡

‡

인간은 문명을 건설하는 존재다. 이보다 더 근본적인 규정이 인간에게 있을 리 없다. 문명을 건설하는 활동이 문화다. 무엇인가를 하거나 만들어서 변화를 야기한다는 뜻이다. 야기된 변화의 총합이 문명이다. 변화를 일으키는 사람은 문명을 건설하는 사람이고, 그렇지 못하다면 누군가 야기해놓은 변화의 결과를 허리 굽혀 주워야 한다.

　전자는 자유롭고 후자는 종속적이다. 자유로운 진짜 인간은 한 곳에 멈춰 서서 머무르지 않고 별 소득이 없어 보여도 애써 어디론가 건너간다. 이곳 너머의 그곳은 익숙한 세계의 문법으로는 아직 해석되거나 이해되기 어렵다. 그래서 무섭고 이상하다고 소문이 난다. 일반적이지 않은 어떤 자가 그곳에서 무모한 도전과 모험을 시작하고 공포에 균열을 일으킨다. 불가능해 보이는 꿈을 꾸고, 닿지 않는 별을 잡으려고 하는 자가 있다면, 그가 진짜 인간이다. 진짜 인간이 세상의 주인이다.

건너가기를 시행하는 자가 건너가는 자신을 자각하고 경험할 때 매우 신비한 요동 속에 빠지는데, 그것이 바로 황홀경이다. 황홀경ecstasy은 정체된stasis 현재의 상태에서 다른 곳으로 건너가는 자에게만 주어지는 신의 선물이다. 건너가는 자는 아직 명료하게 해석되지 않은 것이 주는 공포와 위험險을 무릅쓰지冒 않을 수 없다. 존재론적 의미에서 모험冒險은 인간이 쌓는 위대한 탑의 첫 번째 벽돌이다. 돈키호테는 그렇게 첫 벽돌을 움켜쥐고 일반화된stasis 자신을 넘어서서 고유하고도 특별한 각성 속으로 스스로 걸어 들어가 높은 자가 되었다. 그럼에도 불구하고 주위 사람들은 모두 그를 미쳤다고 했다.

돈키호테는 우선 주위의 많은 사람과 어울려 쾌락을 나누던 취미인 사냥을 끊었다. 친구들과 공유하던 취미를 혼자만 끊는 것은 어지간해서는 힘들다. 친구들로부터 미친놈 소리까지 들을 각오를 해야만 겨우 가능하다. 자신만의 세계로 들어가 미치기 위해 해야 할 가장 중요한 일이 생각과 취미를 공유하던 친구들과의 관계를 끊는 일일지도 모른다.

그리고 한 발짝 더 나아가 가진 땅을 팔아 책을 샀다. 책을 읽기 위해 사냥을 끊고 땅을 파는 일이 미치지 않고서야 가능하겠는가. 책으로 단련한 지적 탄력이 가장 강하다. 책을 읽는 양이 많아지고 지적 탄력이 커지면 경계를 넘고 다시 또 넘고 하다가 황홀경에 빠져 미친다. 결국 자신만의 세계로 진입해 고유한 영토를 갖게 된다. 핵심은 주위 시선이나 박수와 평가 등을 과감히 무시하고 자신만의 세계로 스스로를 유폐시키는 일이다. 우리에서 자신을 탈출시켜 완전한 고립을 이룬다. 유폐된 자가 자신만의 세계에서 자신의 눈으로 자신만을 바라보게 되면 황홀경에 빠져 미치지 않을 수 없다. 모두가 풍차라고 하지만 그에게는 거인이다. 모두가 양 떼라고 하지만 그에게는 군대다. 모두가 순례자라고 하는데도 그에게는 악당이다. 돈키호테의 종자인 산초 판사도 그것들과 싸워서 이길 수 없다는 것을 안다.

하지만 미친 돈키호테는 승패를 미리 가늠하려고 애쓸 정도로 자잘하지 않다. 이길 수 없거나 닿을 수 없다고 미리 판단해 물러서는 좀팽이는 아니다. 이길 수 없는 싸움이라도 그냥 하고, 닿을 수 없는 별이라도 그냥 따러 나설 뿐이다. 친구들과 어울리는 데서 빠져나와 책에 미쳐 전답을 처분해본 적이 없는 사람은 할 수 없다. 황홀경에 빠진 자만이 불가능에 도전한다. 꿈을 꾼다. 계산이나 가늠이 분명한 것은 꿈이 아니다. 모두 그럴듯해 보이는 계획일 뿐이다. 불가능의 냄새가 나지 않는 것, 즉 명료하게 해석되거나 누구나 다 이해할 수 있는 것은 꿈이 아니다. 꿈이 바로 모험이고, 모험이 건너가기며, 건너가는 자가 진짜 인간이다. 돈키호테는 이렇게 해서 진짜 인간에 등극한다.

돈키호테는 자기가 만든 환영인 거인이나 군대나 악당과 싸울 때는 불가능에 도전하는 만큼 죽어라 싸우지만, 정작 모든 사람이 무서워하는 것과 싸울 때는 힘을 쓰지 않는다. 싸울 필요도 없이 상대가 굴복하기 때문이다. 소설 전체에서 돈키호테가 진짜 무서운 상대와 싸우는 장면은 한 번 나온다. 살아 있는 맹수를 상대로 싸운 것이다. 산초 판사를 비롯해 모든 이가 말렸지만 국왕에게 바쳐지기 위해 우리에 실려 가는 사자를 보고 돈키호테는 사자 주인을 창으로 협박해 우리를 열게 한다. 우리에서 나온 사자는 '정상적인' 사람들의 걱정은 아랑곳하지 않고 창을 들고 한 치도 물러서지 않는 돈키호테를 보고 뒤돌아 슬금슬금 우리로 돌아갔다. 맥없이 끝난 전투지만, 이것이야말로 『돈키호테』 전편 가운데 백미다. 이 장면은 삶의 승리가 모조리 미친 돈키호테에게만 있을 뿐, 나머지 정상인에게 있지 않다는 것을 증명한다.

평범한 이들은 미처 황홀경에 빠진 단독자를 이길 수 없다. 그들은 겁먹은 표정을 감추며 안전과 먹이를 찾아 다시 자신을 가두는 '우리'로 기꺼이 돌아갈 뿐이다. 쭈그러진 심장을 지닌 채 스스로 갇힌다. 돈키호테는 집단적인 정상의 편안을 포기하고 고독한 비정상의 황홀경을 선택했다. 그는 우리와 결별해 자신을 섬기는 자다.

『돈키호테』에는 덕을 묘사하는 글이 적지 않다. 돈키호테의 말이다. "자네 스스로 부끄러워하지 않으면 어느 누구도 자네를 부끄럽게 생각하지 않을 걸세. 자네가 덕으로 일한다면, 군주나 영주를 조상으로 둔 가문을 부러워할 이유가 없네." "가난한 자들도 덕스럽고 사려가 깊으면 그를 따르고 받들고 보호해주는 사람이 생기지." 모든 승리의 원천을 덕으로 보는 것이 바로 돈키호테다. 덕은 자신을 자신답게 하는 힘이다. 내게만 있으면서 나를 어디론가 건너가게 만드는 힘이 덕이라고 할 때 자신과 덕은 일치한다. 당연히 모험도 덕의 활동이다. 그렇게 보면 모험심이 없는 자는 덕의 힘이 약하다. 돈키호테는 나를 찾는 일이 사람에게 주어진 가장 수준 높은 과제라고 생각한다. "너 자신을 알고자 노력하면서 네가 누구인지에 대해 눈을 떠야만 한다. 이것은 사람이 할 수 있는 범위 안에서 가장 힘든 인식이지." 이 힘든 인식을 획득한 자는 덕을 회복하고 다음으로 건너갈 수 있다. 문명을 건설하고 자유롭게 살 수도 있다. 산초도 같은 말을 한다. "저는 왕을 제거하지도 왕을 세우지도 않습니다요. 다만 저는 저를 도울 뿐이지요. 제가 저의 주인이니까요."

"체스 게임이 계속되는 동안은 각각의 말이 자기 역할을 하지요. 하지만 게임이 끝나면 모두 한데 섞이고 뒤범벅이 되어 주머니 안에 들어가게 되는데, 이건 목숨이 다해 무덤 속에 들어가는 것과 같습니다요." 산초 판사의 이 말은 자기는 자기로 존재할 때만 살아 있는 존재라는 선언이다. 살아 있는 자만 건너갈 수 있다. 자신을 섬기는 자는 덕의 힘으로 미지의 세계를 향해 건너간다.

덕은 많은 경우 궁금증이나 호기심으로 드러난다. 그것은 모험의 출항지 역할을 한다. 자신을 섬기는 자는 세계에 호기심을 가지고 개방적이고 포용적이며 신중하고 분별력이 있다. 우리 가운데 한 명으로 존재하는 사람이 자신을 섬기는 자에 비해 더 폐쇄적이고 배타적인 것은 이치상 매우 당연하다. 그는 호기심 어린 덕이 아니라 우리끼리 공유하는 가치관에 빠져 있다. 그 가치관을 적용하는 데에 바쁘지 혼자 생각하는 힘을 발휘하지는 못한다. 그래서 신중하지 않고 분별력이 없다. 소설에 신중함이니 분별력이니 하는 단어가 끊임없이 나오는 것도 돈키호테가 자신을 섬기는 자임을 강조하기 위해서다.

돈키호테는 "미쳐 살다가 정신이 들어 죽었다". 혼자 미쳐 살면서 자기만의 언어를 구사하다가, 제정신으로 돌아와 누구나 사용하는 정상 언어를 구사하며 죽는다. 비정상으로 살 때는 자기였는데, 정상으로 돌아와서는 우리 가운데 한 명이 되었다. 미쳐서는 풍차에도 덤볐으나, 제정신으로 돌아와서는 고작 흔해빠진 유언과 고해나 준비하는 자잘한 인간이 되어버렸다. 크고 굵게 살다가 좀팽이로 죽었다.

돈키호테가 세상을 향해 외치고 싶었던 단 한 마디의 말은 무엇일까? 『돈키호테』에서 다 버리고 한 줄의 문장만 남긴다면 그것은 무엇일까? 나는 조금도 망설이지 않고 이 문장을 고른다. "쭈그러진 심장부터 쫙 펴십시오. 그러면 나쁜 운수도 부숴버립니다." 우선 쭈그러진 심장부터 쫙 펴자! 좀팽이처럼 자잘해지지 말고 크고 굵게 살자.

Saint-Exupéry
Le Petit Prince

2

생텍쥐페리
『어린 왕자』

나에게
우물은 무엇인가

일상의 소용돌이 속에서 사람들은 부산하다. 특급열차를 타고 어디론가 가면서도 무엇을 찾아 가는지 모른다. 아이들은 자기가 무엇을 찾는지 안다. 아이들은 인형을 찾느라 시간을 보내고, 인형은 아이들에게 중요한 물건이 된다. 나에게 중요한 것은 무엇인가. 중요한 것을 찾는 나의 마음은 어디로 갔나. "사막이 아름다운 건 어딘가 우물이 숨어 있어서 그래." 나에게 우물은 무엇인가. 나의 우물은 도대체 내 속 어디에 숨어 있는가. 내가 별을 보면 별도 나를 본다. 별에게는 내가 별이다. 내가 별임을 한 번이라도 알고 가자.

『어린 왕자』를 쓴 생텍쥐페리는 어떤 사람인가요?

┃『어린 왕자』를 읽으면 인간과 인생에 대한 생텍쥐페리의 깊은 통찰이 느껴져요. 저는 그의 책을 읽으면서 '모험, 승화, 숭고, 죽음' 같은 절실한 단어들을 발견했습니다. 그는 모험하는 삶을 살고 싶어 했고, 인간 혹은 인생을 가장 높은 단계까지 승화하고자 했으며, 자신이 가진 소명을 숭고한 수준으로 실현하려고 했던 사람입니다. 그에게 죽음은 삶을 승화하는 가장 극적인 장치였지요. 그는 입영통지서를 받고 이렇게 말했습니다. "나는 죽음을 자초하거나 환영하지는 않지만 죽어야 할 일이 있다면 기꺼이 죽음을 맞이하겠다." 이런 그를 옆에서 지켜본 부인은 이렇게 말했습니다. "생텍쥐페리는 입영통지서를 받고 출병하면서 이미 자기가 죽을 줄 아는 것 같았다." 그에게 모험은 단

순히 극적인 재미나 긴장을 유발하는 장치가 아니었습니다. 자신의 소명을 숭고한 단계로 승화하는 활동이었던 것이지요.

우리가 지금 하는 건너가기도 사실은 모험입니다. 여기서 저기로 건너가는 것, 『반야심경』에서는 이것을 최고의 지혜라고 보고, '바라밀다'라고 하는데요. "인간답게 살면서 자신의 삶을 승화하고자 한다면 소명을 발견하고 그것을 숭고하게 실현하려는 모험을 해라. 모험의 과정에서 너에게 죽음이 다가올지 모른다. 그래도 해야 한다. 그것이 삶을 가장 높은 단계로 승화하는 방법이다." 생텍쥐페리도 이러한 인생관을 가지고 평생을 살았던 것입니다. 그는 『야간비행』에 죽는 순간 다가오는 불가사의한 희열을 찬미하는 내용을 담기도 했지요. 이처럼 생텍쥐페리에게 죽음은 삶을 불꽃처럼 승화함으로써 완성에 이르도록 하는, 극적이고 숭고한 사건이었던 것입니다.

자신에게 주어진 소명을 몰라 고민하는 분도 많을 것 같습니다.

▎자신의 소명이 무엇인지 모르는 사람들은 『어린 왕자』에 나오

는 어른들처럼 살고 있는 것이겠지요. 생텍쥐페리의 여러 책을 보면서 그는 스스로에게 어떤 삶을 요구했기에 이런 글을 썼을까 생각해보게 되었습니다. '나의 소명은 무엇일까? 나라면 그것을 어떻게 대할까?' 우리는 고민합니다. 발견한 소명을 끝까지 숭고하게 수행하는 삶을 지향하지요. 하지만 자신의 소명이 무엇인지 깨닫는 철저함에 미치지 못한 경우가 많습니다.

죽음을 당당하게 맞이할 수 있도록 하루하루 내 소명대로 살고 있는지 생각해봐야겠네요.

| 죽음을 당당하게 맞이한다는 것은 내 삶을 당당하게 수행하고 있다는 증거와도 같습니다. 자신의 삶에 당당하지 못하다면 죽음에도 당당할 수 없겠지요. 사실 삶과 죽음은 분리된 다른 사건 같지만 자신의 삶을 승화하는 과정 속에서 공존한다고 볼 수 있습니다. 이것은 죽음을 가볍게 보는 관점과는 전혀 다릅니다. 삶과 죽음의 불가분한 관계를 인정할 때 그만큼 삶에 철저하고 진지해질 수 있으니, 오히려 무겁고 중요하게 보는 시선이지요.

삶과 죽음에 관한 흥미로운 해석이었습니다. 이제 본격적으로 책에 대한 이야기를 해볼까요?

┃어린 왕자는 생텍쥐페리 자신이었던 것 같습니다. 마음속에서 항상 자신의 우물이 어디 있는지 찾던 사람, 스스로 별이 되고자 하던 사람. 우리는 하늘에 떠 있는 별을 보고 감탄하고 박수를 치면서, 정작 우리 안에 어떤 별이 있는지, 자신이 어떤 별인지는 알아보려고 하지 않아요. 어린 왕자는 스스로 별이라는 사실을 알아가는 존재처럼 보입니다.

생텍쥐페리는 왜 '어린' 왕자라고 했을까요?

┃『어린 왕자』에 나오듯이 어른들은 자기가 보고 싶은 대로 혹은 봐야 하는 대로 세계를 봅니다. '정해진' 대로 보는 것이지요. 반면에 어린이는 상자 속 양을 발견할 수도 있고, 보아뱀의 배 안에 코끼리를 넣을 수도 있습니다. 세계를 보이는 대로 볼 수 있기 때문이지요. 정해진 마음으로만 세상을 보는 사람은 세계의 진실과 접촉할 수 없습니다.

저는 어린이라고 하면 떠오르는 사람이 한 명 있습니다. 바로 니체입니다. 그는 인간 정신발달의 단계를 낙타, 사자, 어린이에 비유했습니다. 낙타는 온갖 짐을 지고 정해진 궤도를 따라 꾸역꾸역 갑니다. 사자는 낙타에 비해 나름의 주도권과 의지를 갖고 나아가지요. 어린이는 자기가 삶의 동력 그 자체입니다. 무한 긍정의 상태지요. 정해진 궤도를 따라서도 넘어서도 갈 수 있는 존재. 어린이는 매사에 호기심이 넘칩니다. 낙타나 사자에게 없는 것이지요. 작중에서도 어린 왕자를 묘사할 때 가장 많이 반복되는 문장이 "한번 묻기 시작하면 끝까지 묻는다"입니다. 이렇듯 어린이는 모든 일의 출발과 다름없는 무궁한 궁금증과 호기심을 지닌 존재지요.

어린이날을 만드신 소파 방정환 선생님은 이런 말씀을 하셨습니다. "어른이 어린이를 내리누르지 말자. 삼사십 년 뒤진 옛사람이 삼사십 년 앞사람을 잡아 끌지 말자. 낡은 사람은 새 사람을 위하고 떠받쳐서만 그들의 뒤를 따라서 밝은 데로 나아갈 수 있고 새로워질 수가 있고 무덤을 피할 수 있는 것이다." 내 안에 어린이의 마음을 갖지 않으면 죽음을 향해 가고, 사회가 어린이를 존중하지 않으면 그 사회가 무덤이 된다는 의미입니다. 『어린 왕자』를 보세요. 어른을 인간으로 만드는 역할을 어린이가 하고 있습니다. 우리 사회를 건강하게 만들려면 일단 어린이에게 어린이의 세계를 돌려줘야 합니다. 어린이는 어른이 되기 전 단계를 말하는 것이 아닙니다. 아직 덜된 어른을 어린이라고 하는 것이 아닙니다. 어린이는 어린이로서 자족적이고 독립적이며 완전한 존재입니다. 어린이가 어린이로 살 수 있도록 해줘야 해요. 어린이에게서 어린이의 시간을 빼앗아버리면 그들은 죽을 때까지 별이 되지 못할 것입니다.

저는 『어린 왕자』를 세 단계로 나눠봤습니다. 자신의 별을 떠나 여러 행성을 여행한 것, 지구라는 별에 도착한 것, 스스로 독사에 물려 자신의 별로 돌아간 것. 저는 마지막 단계가 어린 왕자에게 완성이자 승화라고 보았습니다. 만약 B-612호에서 이탈하는 모험을 하지 않았다면 다시 그곳으로 돌아가는 승화의 과정은 없었을 것입니다. 모험하는 마음은 질문하는 마음이고, 건너가는 마음이고, 어린이의 마음입니다. 순수한 사람만이 호기심을 갖고 질문할 수 있지요. 그리고 질문하는 사람만이 모험할 수 있습니다. 호기심이 없는 사람은 대답만 하고 판단만 합니다. 이런 사람은 안전을 추구해 모험을 할 수 없지요. 어린 왕자의 모험은 그가 순수한 어린이의 마음, 다시 말해 인간의 원초적 영혼을 가지고 있었기에 가능했던 것입니다.

지구에 온 어린 왕자는 극적으로 조종사를 만나고 그를 깨우칩니다. 각성시킨 것이지요. 하지만 그런 어린 왕자도 여행 도중 지구에서의 삶에 익숙해지며 순수성을 위협받기도 합니다. 그는 수없이 피어 있는 장미를 보고 자신의 장미도 그중 하나일 뿐 고유한 장미가 아니라는 것을 알고 절망합니다. 이 장면은 어린 왕자가 순수성에 상처를 입고 어른에 가까워지는 극적인 대목이지요. 그때, 울고 있는 어린 왕자에게 누가 다가오나요? 바로 여우입니다. 여우는 소설에서 데미안 같은 존재입니다. 그는 예수 또는 부처 같은 존재로 어린 왕자가 어른이 되려는 찰나에 나타나 그의 순수성을 다시 각성시킵니다. 여우를 만난 후의 순수성은 이전의 순수성과는 다릅니다. 그것은 파괴 이후 재생된 순수성입니다.

그럼 순수성을 되찾은 왕자는 어떻게 되었을까요? 스스로 뱀에게 물립니다. 뱀은 왕자가 원래 있던 곳으로 돌려보내주는 존재입니다. 뱀에게 물릴 때 어린 왕자는 누구와도 상의하지 않습니다. 이것은 모든 사유와 논리와 개념을 단박에 꿰뚫고 나가는 결단으로, 개념과 논리와 사유를 어린 왕자 스스로 선택한 것입니다. 인간으로 완성되기를 꿈꾼다면 이렇게 행동해야 한다는 것을 어린 왕자는 보여주었습니다.

나답기 위해서는 누구에게 떠밀리는 게 아니라 스스로 결단해야 하는군요.

▎살던 곳을 떠날 수 있어야 합니다. 자기 생각을 떠날 수 있어야 해요. 떠나지 않고, 건너지 않고는 어떠한 완성도 있을 수 없습니다. 인간으로 완성되고 싶다면 일단 떠나야 합니다.

이 책을 읽으면서 뽑으신 한 문장은 무엇인가요?

▎"내 별을 봐, 바로 우리 머리 위에 있어." 저는 이렇게 패러디하고 싶습니다. "내 우물을 봐, 바로 내 안에 있어." 그리고 다음에는 이런 문장이 나옵니다. "하지만 어쩌면 저렇게 멀까?" 저는 이 문장을 읽으면서 『데미안』의 한 구절이 떠올랐습니다. "내 속에서 솟아 나오려는 것, 바로 그것을 나는 살아보려고 했다. 왜 그것이 그토록 어려웠을까."

왜 어려웠을까요?

▎더 나은 사람이 되려는 갈망은 어떻게 가질 수 있을까요? 바

로 지금입니다. 지금이 아니면 가질 수 없습니다. 이 신비의 시간을 놓치면 또 얼마나 긴 시간이 흘러야 하는지 모릅니다.

『어린 왕자』에는 사랑 이야기가 나오는데 생텍쥐페리는 이것을 '길들이기'라고 표현했습니다. 우리는 서로 사랑할 줄 알아야 합니다. 별과 관계를 맺으면 그 별은 자기만의 특별한 별이 됩니다. '길들이다, 사랑하다, 관계를 맺다' 이 말들은 상대가 나에게 고유해지는 것을 의미합니다. 어린 왕자가 여우를 길들이자 둘 사이에는 어떤 변화가 생겼나요? 여우는 밀밭을 보며 어린 왕자의 머리칼을 떠올립니다. 그래서 밀밭을 지나는 바람 소리마저 사랑하게 되지요. 누군가에게 특별해진다는 것은 그 특별함에 구속되는 게 아니라 더 넓은 세계를 가지는 것입니다.

『어린 왕자』 마지막에 나오는 웃음에 관한 이야기도 좋았습니다.

┃ 웃음이라는 것이 어떻게 보면 영혼의 순수한 기쁨이 순간적으로 폭발하는 일 아니겠습니까? 가장 근본에 있는 희열이 터져 나오는 일이지요. 그래서 저는 웃음을 사랑한다는 것이 생텍쥐페리에게 의미심장한 메타포가 아니었을까 생각합니다. 길들여

져 특별해진 어떤 존재의 웃음을 사랑하면 세상 모든 것에서 웃음을 발견할 수 있을 테니까요.

"마음으로 봐야 하는 거야. 근본적인 것은 눈에 보이지 않는 법이야." 이 문장도 많은 분이 좋아하시는 것 같습니다.

| 사람들은 숫자로 계산되거나 눈에 보이는 것 위주로 현실을 다룹니다. 그러나 눈에 보이지 않는 것도 많습니다. 추상성이 높을수록 눈에 더 보이지 않지요. 지식이나 이론, 철학처럼 말입니다. 사람들은 철학을 아득히 멀리 있는 것이라고만 생각합니다. 하지만 추상성이 높은 것을 장악할수록 우리는 더 넓은 세계를 차지할 수 있습니다.

마음은 근본적이고 전체를 담을 수 있지만, 눈은 피상적이고 항상 무엇인가를 구분하기 때문에 제한적으로 담을 수밖에 없습니다. 감각적이고 현상적인 세계의 근본 토대에 관한 것, 전체를 지배할 원리 같은 것은 눈으로는 다 담을 수 없습니다.

정리하는 의미로 마지막 한 말씀 부탁드립니다.

『어린 왕자』를 읽은 감동을 매개로 자신에게 감동하십시오. 그에 앞서 자기가 자신을 감동시킬 수 있을 정도로 스스로를 단련해야 합니다.

"내 별을 봐,
바로 우리 머리 위에 있어"

‡

‡

‡

생텍쥐페리는 왜 어른을 위한 동화를 쓰면서 제목을 『어린 왕
자』로 달았을까? 우리의 눈길은 명사인 '왕자'보다 형용사 '어린'
에 머문다. 특징을 드러내는 데에는 형용사가 명사보다 훨씬 재
주가 좋다.

　니체에게 어린이는 인간이 도달해야 할 가장 높은 자리다. 인
간은 주인에게 복종하며 무거운 짐을 지고 가는 '낙타'에서, 그
누구의 명령도 받지 않은 채 자신만의 자유로운 정신을 구가하
는 '사자'를 거친 후, 순진무구함에 빠져 삶을 놀이로 승화하는
'어린이'의 단계에 이르러야 한다. 니체에게 어린이는 새로운 출
발이고, 최초의 움직임이며, 스스로 도는 수레바퀴이자, 성스러

운 절대 긍정이다. 이 성스러운 긍정만이 창조라는 유희를 수행할 수 있다.

중국 명나라 말기 사상가인 이탁오는 탁월해지려면 반드시 '동심童心'을 회복해야 한다고 했다. 동심은 사람이 태어나면서 처음 갖는 마음으로 모든 거짓으로부터 자유로운 순진무구한 상태다. 이탁오에게 어린이는 사람의 처음이고, 동심은 마음의 처음이다. 동심은 모든 제약과 굴레를 벗어나 전혀 새로운 곳으로 건너가게 한다.

방정환이 1930년에 남긴 글도 꼭 봐야 한다. "어른이 어린이를 내리누르지 말자. 삼사십 년 뒤진 옛사람이 삼사십 년 앞사람을 잡아 끌지 말자. 낡은 사람은 새 사람을 위하고 떠받쳐서만 그들의 뒤를 따라서 밝은 데로 나아갈 수 있고 새로워질 수가 있고 무덤을 피할 수 있는 것이다."

놀이하는 마음을 가지고 순진하게 태어난 어린이는 규칙과 숫자를 배우면서 어른이 되도록 강요받는다. 세계를 보이는 대로 볼 수 있던 마음이 봐야 하는 대로 보도록 상자에 갇힌다. 이런 세상에서 어린이는 항상 '아직 덜 어른'으로 치부된다. 사실 대부분의 교육은 어린이에게서 어린이의 마음을 빼내고 어른의 마음을 강제로 주입하는 일이다. 이는 창조적 유희를 막는 엄청난 폭력이다. 어린이는 '아직 덜 어른'이 아니라 어린이 자신일 뿐이다. 어린이에게 어린이의 시간을 돌려줘 어린이가 어린이로 자랄 수 있게 해야 한다. 어른이 어린이를 내리누르지 않아야 한다. 어린이는 스스로 도는 수레바퀴이기 때문에 외부의 간섭이 없을 때 더 성스럽다. 낙타처럼 정해진 궤도를 따르지 않고 스스로 도는 어린이에게는 새로운 출발과 최초의 움직임을 감행하는 순수한 충동이 저장되어 있다. 이 충동은 온전히 자신 안에서 솟아나는 것을 해보려는 새로운 동작이다. 그러므로 어린이의 심장은 모험의 박동으로 쿵쿵 뛴다.

생텍쥐페리는 새(비행기)를 타고 여기저기 건너다녔다. 그는 모험이 각자의 소명을 가장 숭고하게 실현한다고 찬양했다. 숭고한 삶의 완성이 모험 없이 가능할까? 자신의 현재를 개선하고 싶은 사람이 자신을 이렇게 주조해낸 과거를 떠나는 모험을 감행하지 않는다면 그것을 해낼 수 있을까? 이것은 수행도 하지 않고 니르바나를 원하거나, 회개도 하지 않고 천국에 가려는 것과 같다. 대부분의 모험은 떠나기다. 회개도 수행도 다 과거의 자신과 결별하는 떠나기다. 자기보다 좀 더 클까 말까 한 별에 살던 어린 왕자는 친구를 가지고 싶었다. 그 염원을 도약대 삼아 어린 왕자는 B-612호를 떠나는 모험을 한다. 마침내 어린 왕자는 지구라는 별에 와서 여우를 만나 인식의 지평이 열리고 스스로 뱀에게 물려 완성의 경지로 진입한다. 이렇듯 떠나기야말로 어린 왕자가 도달한 완성의 경지를 전부 품고 있는 야무진 씨앗이다.

모험심은 호기심의 거친 숨결이다. 어린 왕자는 한번 물으면 결코 그냥 넘어가는 법이 없을 정도로 호기심 덩어리였다. 어린이에게 어린이의 시간을 돌려줘 어린이로 자랄 수 있게 해야 하는 이유는 바로 그들이 가진 보물 때문이다.

사막이 아름다운 이유가 어딘가 샘을 감추고 있기 때문인 것처럼, 사람도 소명으로 키워나갈 나만의 호기심을 품고 있어야 아름다울 수 있다. 이 보물 같은 샘이 말라버린 어른들은 급행열차에 올라타면서도 자기가 무엇을 찾으러 떠나는지 모르지만, 어린이들은 자기가 무엇을 찾는지 알고 있다. 어른들 눈에는 하찮아 보이는 헝겊 인형이더라도 어린이는 자신만의 샘을 향해 천천히 걸어가듯 오랜 시간을 들여 그것을 찾는다. 그리고 결국은 그것을 중요한 것, 자신에게 유일한 것으로 창조해내고 만다. 자기만의 별을 기어이 찾아 갖는다.

"마음대로 써도 되는 53분이 있다면 샘을 향해 천천히 걸어가겠다"는 정성 어린 태도는 처음의 마음을 가진 자들의 몫이다. 바로 어린 왕자의 마음이다. 이런 사람은 소명을 찾는 일에 "샘을 향해 천천히 걸어가듯” 시간을 들여 마침내 그것을 찾아 중요하고 유일한 것으로 만들어낸다. 그것을 이루는 순간 스스로 별이 된다. 어린 왕자도 “백열한 명의 왕, 7000명의 지리학자, 90만 명의 사업가, 750만 명의 주정뱅이, 3억 1100만 명의 허영심 많은 사람 등 약 20억쯤 되는 어른이 살고 있는” 지구에서 잠시 “샘을 향해 천천히 걸어가는” 마음을 놓쳤다. “이 세상에 단 하나밖에 없는 꽃을 가진 부자인 줄만 알았는데” 알고 보니 자신이 가진 꽃은 겨우 평범한 장미꽃이었다는 것이다. 자신에게 유일했던 장미꽃을 여러 장미꽃 가운데 하나로 전락시켰다. “그래서 그는 풀밭에 엎드려 울었다.” 고유한 존재감으로 충만하던 사람이 자신의 유일함과 고유함이 일반성 속으로 사라져버리는 경험을 하면 어떤 누구도 절망에 빠지지 않을 수 없다.

우리 가운데 한 명으로는 자기일 수 없다. 여럿 가운데 하나는 특별할 수 없다. 고유하고 유일할 때만 자기일 수 있다. 하지만 이런 절망을 느끼는 사람은 축복의 마지막 줄에 서 있는 셈이다. 보통은 우리 가운데 한 명으로만 존재하면서도 그런 자신이 고유하다 착각하며 존재적 희열을 포기하고 심리적 위안으로 만족해버리기 때문이다. B-612호를 떠나는 정도의 모험심을 가진 사람이라야 자기에 대한 존재적 각성이 가능하다.

이런 존재적 각성이 준비된 자에게는 선물처럼 '여우'가 나타난다. 이것은 B-612호를 떠나는 모험을 하지 않았다면 얻지 못했을 행운이다. 여우를 통해서 어린 왕자는 길들이기를 배우고, "너는 내게 이 세상에서 하나밖에 없는 존재가 되고, 나는 네게 이 세상에서 하나밖에 없는 존재가 되"어 유일성과 고유성을 회복한다. 다시 스스로 도는 수레바퀴가 된 것이다. 이렇게 성스러운 절대 긍정에 도달한 어린 왕자는 원래의 자리로 돌아가게 해주겠다는 뱀에게 물리는 결단을 내린다. 스스로 죽음을 초청해 완성의 경지로 승화한 것이다.

지구는 20억쯤 되는 다양한 사람이 사는 곳이다. 이곳은 사랑이 충만한 곳이 아니라 스스로 사랑이 돼야 하는 곳이다. 수없이 많은 별 속에서 길들여지며 나만의 별을 찾고, 그 별을 특별히 대하고 책임을 지면서, 나도 별이 되는 일이 일어나야 할 곳이다.

생텍쥐페리는 비행기로 편지를 나르는 우편배달부였다. 그는 자신이 싣고 가는 3만 통의 편지를 단순한 우편물로 보지 않고 매우 귀중히 다루었다. 우편물에 스스로 길들여지고 책임을 지는 특별한 태도를 가진 것이다. "우편물은 생명보다 더 귀중하다. 연인 3만 명을 살릴 수 있으므로. 연인들이여 참아라. 석양빛을 헤치고 그대들에게 가노라." 뱀에게 물린 어린 왕자가 지구에 다시 돌아와 우편배달부를 한다면 석양빛을 헤치며 연인 3만 명을 살릴 것이다. 마치 내 별을 찾아 나도 별이 되면 "빛나는 전구 5억 개"를 갖게 되는 것처럼.

어쩌면 사막으로 굳이 나가지 않아도 뱀에게 물릴 수 있을지 모른다. 샘이 사막에만 감춰진 것은 아니다. 내 안에 숨겨진 샘을 찾으면 모든 존재와 서로 유일한 관계로 길들여질 것이다. 연인 3만 명을 살리는 별로 반짝일 것이다. 사실은 멀지 않을지 모른다.

"내 별을 봐. 바로 우리 머리 위에 있어."

Albert Camus
La Peste

3

알베르 카뮈
『페스트』

부조리한 세상에서
사람답게 산다는 것

지금 우리는 보이지 않지만 지독한 어떤 것과 싸우는 중이다. COVID-19다. 오래전 유럽에는 페스트가 돌았다. 용기와 희망을 가지고 페스트와 싸웠던 사람들 속에 우리가 있다. 카뮈의 말을 직접 듣는다. "나는 페스트를 통해 우리 모두가 고통스럽게 겪은 그 숨 막힐 듯한 상황과 우리가 살아낸 위협받고 유배당하던 분위기를 표현하고자 한다. 동시에 나는 이 해석을 존재 전반에 대한 개념으로까지 확장하고자 한다." 그 누구도 감염시키지 않을 선량한 사람이란 방심하지 않는 사람이다. 방심하지 않으려면 의지가 있어야 하고, 긴장해야 한다. 제대로 존재하려면 긴장할 필요가 있다.

『페스트』는 무거운 느낌은 있지만 코로나 시대에 반드시 읽고 넘어가야 할 책인 것 같습니다.

| 페스트를 코로나로 바꿔서 읽으면 더 생동감이 있습니다. 지금 우리가 처한 상황과 직접 연결지어 생각할 수 있잖아요.

고전의 반열에 오른 책은 시대를 초월하기 때문에 단어만 바꿔 읽어도 마치 요즘 얘기를 써놓은 것 같은 느낌이 듭니다.

| 우리 시대의 고전이라고 할 수 있는 『페스트』는 노벨문학상 수상 작가가 쓴 상당히 수준 높은 문학작품입니다. 그래서 페스트에 코로나뿐만 아니라 전쟁이나 고집스러운 마음을 대입

해도 생동감 있게 읽히지요. 우리가 어떤 작품을 이해할 때 그 수준이 높을수록 작가와 작품의 일치가 강하게 느껴지는데요. 훌륭한 작품일수록 작가가 곧 작품인 경우가 많습니다. 그래서 작품을 해석할 때 작가에 대해 살펴보는 것도 의미가 있지요.

교수님이 말씀하신 것처럼 작가의 삶 자체가 이 소설과 굉장히 가까이 맞닿아 있는 것 같습니다.

┃ 이 소설 속에는 카뮈가 처한 상황과 삶에서의 깨달음이 많이 투영되어 있습니다. 저는 소설과 작가를 연관 지어보면서 이런 생각을 했습니다. '좋은 글을 쓰고 싶다면 먼저 쓰고 싶은 글과 꼭 닮은 사람이 되는 것이 중요하다.' 어떤 수준의 삶을 사느냐가 어떤 수준의 글이 나올지를 결정합니다. 제대로 잘 살지도 않으면서 좋은 글만 쓰고 싶어 하는 사람이 많지요. 그런 사람은 글이 잘 안 써지고 삶이 괴로워집니다. 저는 카뮈가『이방인』을 살았고,『시시포스의 신화』를 살았고,『페스트』를 살았기 때문에 멋진 작품들을 써 노벨문학상을 받았다고 생각합니다.

알베르 카뮈는 프랑스 소설가이자 극작가입니다. 1913년

알제리 몬도비에서 출생했고, 알제리세 졸업반 시절 평생의 스승인 장 그르니에를 만났습니다. 카뮈가 장 그르니에의 『섬』 개정판이 출간될 때 서문을 썼더라고요. "난 스무 살 때 알제에서 이 책을 처음 읽었다. 내가 책에서 받은 충격, 책이 내게 끼친 영향으로 말하자면 오직 지드의 『지상의 양식』이 한 세대 전체에 끼친 충격 외에는 그에 비견할 만한 것이 없을 것이다." 카뮈는 대학 시절에 연극에 관심을 가져 극작도 많이 했고 배우로도 활동했습니다. 이때부터 이미 인간 조건에 대한 고민, 존재의 부조리성에 대한 서정 에세이를 쓰기도 했지요. 아마 스승인 장 그르니에의 영향을 많이 받은 것 같습니다.

┃ 철학을 공부했다는 것은 수준 높은 사유와 치밀한 시각을 훈련받았다는 뜻입니다. 저는 노벨상을 받을 정도로 수준 높은 카뮈의 글쓰기는 역사적 사실을 철학적으로 포착해 문학적으로 승화시킨 것이라고 생각합니다. 철학 훈련을 게을리하지 않은 것이지요.

카뮈 전기 곳곳을 보니까 장 그르니에의 영향을 많이 받은 것처럼 보였습니다. 집도 일부러 가까운 데로 이사하기도 했고요. 1942년에는 『이방인』이라는 소설을 발표했는데, 부조리한 세상에서 무심하게 살아가던 주인공이 살인죄를 범하고 죽음에 직면하자 비로소 행복을 깨닫는 이야기입니다. 1947년 『페스트』를 출간하고, 1951년에는 공산주의에 반대하는 내용을 담은 『반항적 인간』을 출간했습니다. 친한 친구였던 사르트르와는 이 책을 두고 사상논쟁을 벌이다 십 년 우정이 깨지기도 했다고 합니다. 그리고 카뮈는 사형제도를 반대하고, 인권운동에 매진하는 작가로 살다가 1957년에 노벨상을 수상했습니다. 노벨상위원회에서는 상을 수여하면서 그 이유에 대해 이렇게 밝혔습니다. "우리 시대 인간의 정의를 탁월한 통찰과 진지함으로 밝힌 작가다." 카뮈는 노벨상 수상 이후 본격적으로 장편소설 『최초의 인간』을 집필하던 중에 1960년 지인의 자동차를 함께 타고 가다가 사고로 안타깝게 사망했습니다. 양복 주머니에 들어 있던 『최초의 인간』 원고가 나중에 유고집으로 발표되기도 했습니다.

▎카뮈는 삶 자체에 스토리가 많습니다. 그리고 비교적 짧은 인

생을 사셨어요. 몇 세까지 사셨지요?

마흔여덟까지 사셨습니다.

│『페스트』를 출간할 때가 34세였지요? 제가 요즘 버릇이 하나 있습니다. 부고를 받으면 몇 세에 돌아가셨는지 향년이 나오잖아요. 거기에서 제 나이를 **빼**보는 겁니다. 제 죽음을 생각해보는 것이지요. 카뮈는 34세에 『페스트』를 출간했는데 지금까지 프랑스판으로만 500만 부가 팔렸습니다. 그럼 '나는 서른넷에 뭐 했지?' 생각하며 제 나이를 계산해보고 '이러고 있을 때가 아니지' 하며 삶에 대한 투지를 불태웁니다. 이런 저를 보고 제 친구들은 "도가철학 하는 사람이 나이를 그냥 먹으면 되지, 왜 계산해보는 거야? 그건 도가철학적이지 않아" 하고 말하더군요. 하지만 제 나이 계산은 매우 도가철학적입니다. 삶에 대한 의지와 투지를 갖지 않는 것이 도가철학적인 것이 아니라 삶에 대한 의지와 투지를 어떻게 하면 더 진실하게 가질 것인가 고민하는 문제의식이 도가철학적인 것입니다.

도가라고 하면 다 내려놓는 것을 떠올리는데요.

▎그것은 도가철학이 아니라 나태한 자포자기의 삶입니다. 어떻게 하면 삶에 대한 의지와 투지를 진실하고 생명력 있게 발휘할 수 있을지 고민하는 것이 도가의 사상이에요. 그런데 카뮈의 『페스트』에서도 비슷한 고민이 나타납니다.

그렇다면 『페스트』에 대해 본격적으로 다뤄보도록 하겠습니다. 책을 넘기다 보니 제목 다음에 짧은 문장이 나오더라고요. 이걸 제사題詞라고 한다는데, 어떤 뜻이 있는 건가요?

▎글쓴이에 따라서 논문에도 제사를 붙이는 경우가 있습니다. 대개는 다른 사람이 짧은 한두 문장의 글을 써주는 것이지요. 글 전체의 방향을 말해주는 겁니다. 어떤 태도로 이 글을 썼는지, 어떤 내용을 담았는지 말해주기도 하고요. 즉, '이 책은 이렇게 쓰였어. 대개는 이런 내용이야' 하고 글의 방향과 메시지를 암시해주는 것이지요. 『페스트』의 제사는 이렇게 쓰여 있습니다. "한 감옥살이를 다른 한 감옥살이에 빗대어 표현해보는 것은 어느 것이건 실제로 존재하는 그 무엇을 존재하지 않는 그 무엇에 빗대어 표현해본다는 것과 마찬가지로 합당한 일이다." 이것은 글쓰기의 가장 일반적인 수사법이면서도 글쓰기가 반

드시 갖추어야 할 미덕이라고 할 수 있는 은유입니다. 제가 얼마 전에 어떤 분과 이야기를 나누는데 그분이 달을 '가장 오래된 우체통'이라고 표현하더라고요. 우리가 달을 매개로 서로 이야기하고 달을 통해 마음을 전하기도 하잖아요. 그러니까 둘은 전혀 다르지만 달을 우체통에 빗대어 표현해보는 것은 매우 합당한 일입니다. 왜일까요? 달을 우체통에 비유하는 게 달을 달이라고 표현하는 것보다 훨씬 더 많은 것을 의미하고 많은 진실을 등장시킬 수 있기 때문입니다.

『페스트』도 그렇다는 건가요?

▎카뮈는 이렇게 말하는 것 같습니다. '나는 지금 페스트를 쓰지만 사실은 다른 어느 것을 쓰기 위해 페스트를 도구로 사용한 거야. 다른 어떤 것을 표현하기 위해 페스트를 빗댄 거야.' 우리는 이 같은 수사를 은유라고 하고, 이렇게 쓰인 글을 문학이라고 합니다. 이런 은유적 기법이 사용된 글을 통칭 픽션이라고 하는데요. 반대로 사실을 그대로 쓰는 것은 논픽션이라고 합니다. 논픽션은 번역하면 사실이 되고, 픽션은 번역하면 허구가 되지요. 하지만 그렇게 단순히 이해하는 것은 완전히 잘못되었습

니다. 그럼 논픽션만 진실이 되고 픽션은 허구, 즉 거짓 이야기로 인식되기 때문입니다. 논픽션이나 픽션이나 모두 진실을 견인하는 장르인데 말이에요.

두 장르 모두 진실을 드러내려는 의도는 같습니다. 방법이 다를 뿐입니다. 논픽션은 사실을 정면으로 표현하고, 픽션은 진실을 다르게 빗대어 표현합니다. 우리는 왜 픽션을 사용할까요? 사실을 일대일 정면으로 표현할 때 드러낼 수 있는 진실은 매우 협소합니다. 하지만 픽션은 은유를 통해 진실을 전혀 다른 대상에 빗대며 허구로 포장함으로써 해석의 여지를 남기지요. 숨어 있는 진실이 몰래 드러나게 해주는 것입니다. 픽션이 고도화되면 이것을 추상이라고 합니다. 대표적으로 피카소의 그림이 추상적 요소가 강한데, 사람들 눈에 이 추상이 거짓처럼 보일 수 있습니다. 물론, 사실을 평면적으로 드러내는 쪽이 이해하기 편하긴 합니다. 하지만 그렇게 접촉하는 진실은 매우 좁아요. 반면에 은유와 추상처럼 픽션의 기법으로 접촉하는 진실은 훨씬 넓고 깊으며 생동감 있게 그 모습을 드러내지요.

은유를 이야기하면서 카뮈가 어떤 것을 페스트에 빗대어 표현했다고 하셨는데, 그럼 페스트가 도대체 무엇인가요?

┃ 페스트는 병입니다, 전염병. 하지만 우리는 제사를 통해 카뮈가 페스트로 쥐벼룩이 옮기는 바이러스보다 더 심각한 문제에 관해 말하려고 했다는 것을 알 수 있습니다. 저는 가장 대표적인 것이 전쟁이라고 생각합니다. 카뮈가 제2차 세계대전을 지나며 겪은 고통과 고뇌가 없었다면 『페스트』가 나오지 않았을 겁니다. 페스트로 비유된 이 전쟁은 결별, 감옥, 엉뚱한 부조리에 갇힌 상태를 의미합니다. 이해되지 않는 일, 예상하지 못한 일, 바닥이 보이지 않는 절망, 미래를 예측할 수 없는 곤혹, 이런 것들 속에서 허우적거리는 상태요. 이것들이 바로 페스트입니다. 소설 속에 "인생 자체가 페스트다"라는 문장이 나옵니다. 우리 인생에 빗대면 페스트는 특정 관념에 지배당하는 것, 정해진 마음에 갇히는 것을 말합니다. 이 모든 게 다른 세계와 만나지 못하는 결별이며, 스스로를 불행하게 만드는 학대지요. 제게 "페스트가 무엇이냐?" 물어보신다면 카뮈가 말했듯이 "인생 자체다", 더 구체적으로는 "너의 정해진 마음이요, 묶인 발이다"라고 대답하겠습니다. 정해진 마음, 미래에 대한 곤혹, 고통, 번민, 나를 잡아먹고 세계와 결별시키는 부조리에서 벗어나 어떻게 더 나은 단계로 건너갈 것인가 하는 것이 바로 이 소설의 주제입니다.

모든 사람은 페스트에 걸릴 수 있습니다. 나를 감옥에 가두는 병균에 감염되는 것입니다. 저는 정해진 마음에 기대어서 습관처럼 사는 것이 페스트라고 생각합니다. 예를 들어, 젊은 시절 확고한 이념을 가졌던 사람이 평생 그 이념에 기대 살아간다면 그는 이념의 감옥에 갇혀 사는 것입니다. 그런데 사람들은 자신의 감옥을 알아보려고 하지 않습니다. 마치 소설 속 미셸 같은 인물이 페스트의 등장을 부정했던 것처럼 사람들은 자신이 걸린 페스트도, 자신이 갇힌 감옥도 모르는 체하지요. 평생을 부정하기도 하는데 그러면 그 사람은 죽을 때까지 감옥에서 살게 되는 것입니다.

마음에 페스트가 있을 때 우린 뭘 해야 할까요? 긴장하고 의지를 가져야 합니다. 내 안에 페스트가 발견되어도 그것을 이겨내려고 하지 않는 사람이 있습니다. 비겁한 사람입니다. 자기를 가두는 정해진 마음으로 세계를 보는 사람은 페스트에 진 게으른 사람입니다. 이 소설은 계속 의지를 가지고 긴장을 유지하며 페스트를 이겨내는 과정을 보여줍니다. '내 안의 페스트를 어떻게 극복해 자유를 얻고 해방될 것인가?'라는 주제의 질문에 오랑 시의 페스트 발견부터 해방까지의 이야기에 빗대어 문학작품으로 대답한 것이지요.

우리 안의 페스트를 고치는 치료제는 무엇일까요?

┃치료제는 긴장입니다. 다음은 지적 태도고요. 이 소설은 지적 긴장을 하는 인물과 하지 않는 인물들이 대비되며 전개됩니다. 지적 긴장을 하지 않는 인물은 수위 미셸입니다. 그는 쥐 떼의 출현을 조짐으로 읽지 않고 계속 부정합니다. 반면에 그것을 이상하게 보는 인물도 있었지요. 바로 리유입니다. 그는 사람을 살리는 일을 하며 긴장을 유지했고 지식 또한 갖추고 있었기에 미셸과 달리 기현상을 관찰할 수 있었습니다.

정해진 마음에 갇혀 있는 사람은 소유적 태도로 이 세상을 자기 뜻대로 해석하려고 합니다. 반면 이와는 다른 '존재적 태도'가 있습니다. 정해진 마음 없이 세계를 자세히 보는 태도를 말합니다. 미셸은 이미 페스트에 감염되었지만 자기가 감염되었다는 것도 모릅니다. 세계를 유심히 살피지 않고 그저 습관에 따라 의식하지 않고 보는 것이지요. 그래서 카뮈는 미셸을 제일 먼저 죽입니다. 미셸에게는 인생에서 승리하려는 의지와 투지는커녕 자기반성조차 없었으니까요. 반면에 리유는 어떤가요? 내레이터의 역할까지 하면서 죽지 않고 소설을 끌고 나갑니다. 삶의 주도권을 갖고 있는 것이지요.

등장인물에 관해 조금 더 이야기해주세요.

┃ 오통 판사도 중요한 인물입니다. 그의 어린 아들이 맞는 죽음은 관념화된 기독교적 신념을 부정하면서 그가 인간으로 완성되어가는 계기를 마련합니다.

어린아이는 전혀 악하지 않은 존재인데 왜 죽어야 했을까요?

┃ 리유도 이렇게 말합니다. "어린아이가 이 모진 고통을 견디게끔 신이 창조했다면 나는 그를 거부하겠다." 기독교가 지배하던 사회에서 엄청난 발언이 아니었을까요? 이후 오통 판사는 페스트에 감염되어 수용소에 머물다 나왔지만 다시 수용소로 들어가겠다고 합니다. 페스트에 감염돼 자기만의 감옥에 갇혀 있던 사람이 그곳을 벗어나자 더 넓은 세계를 보게 된 것이지요. 새로운 사람이 되어 수용소에서 자신이 해야 할 일이 있음을 깨닫게 된 것입니다. 카뮈는 이것을 '성실성'이라고 표현합니다. 오통 판사는 수용소에서 다른 환자들과 공감하면서 자신의 성실성을 실현해갑니다.

랑베르라는 인물도 특이합니다. 외지인인 그는 어떻게든 오랑 시를 벗어나려고 했지만 이후 리유와의 대화를 통해 우리는 그가 인간적인 삶을 위해 얼마나 노력하는지를 알 수 있습니다. 리유는 부인이 다른 도시로 요양을 떠나 있음에도 이곳에서 고도의 성실성을 발휘합니다. 그 모습에 랑베르도 여기에 남겠다고 합니다. "나도 이 시의 일원이라는 것을 안다"고 말하면서요. 자신은 단순한 개인이 아니라 전체와 유기적으로 연결되어 존재한다는 것을 랑베르가 알게 된 것입니다.

오통 판사도 랑베르도 이러한 과정을 거치면서 자기 안의 감옥에서 벗어났군요.

▎페스트나 전쟁은 제일 먼저 단절을 불러옵니다. 소설에서 페스트가 극복되고 오랑 시가 해방될 때 사람들이 포옹하잖아요. 연결되는 모습이지요. 감옥에 갇힌 것은 벽에 의해 타자와 단절됨을 뜻합니다. 그리고 이 벽을 허무는 가장 큰 힘이 바로 '공감'이지요. 공감하지 못한다는 건 인간으로서의 성실성을 갖고 있지 않다는 말입니다. 인간으로서의 성실성을 실현해나가면서 타인과 공감하게 되고, 타자를 내 울타리 안으로 끌어들여 경계

자체를 허물어버릴 수도 있지요. 소설에 굉장히 중요한 말이 나옵니다. "'비웃음을 자아낼 만한 생각일지도 모르나 페스트와 싸우는 유일한 방법은 성실성입니다.' '성실성이 대체 뭐지요?' 하고 랑베르는 돌연 심각한 표정으로 물었다. '일반적인 면에서는 모르겠지만 내 경우로 말하면 자기가 맡은 직분을 완수하는 것으로 알고 있습니다.'" 여기서 직분에 충실하다는 것은 당신이 맡은 역할이 곧 당신이라는 뜻입니다. 즉, 자기가 자기 역할에 진실하고 성실해야 한다는 것이지요.

저는 랑베르가 본분에 관해 이야기하는 대목을 읽으면서 돈키호테를 떠올렸습니다. 우리는 어떤 일이 닥쳐와도 본분을 다하며 살아야 하는데 대부분의 사람이 내 본분이 무엇인지도 모르고 사는 것 같습니다.

┃ 그건 내가 누구인지 모른다는 뜻입니다. 정해진 마음에 갇혀 습관적으로 살다 보니, 어떻게 살다 가고 싶은지 생각해본 적이 없는 것이지요. 우리는 그것을 알고자 하는 의지를 가지고 긴장해야 합니다. 카뮈는 이처럼 나의 지향을 모색하며 살아가는 과정을 투쟁이라고 표현했습니다.

『중용』에 이런 대목이 있습니다. "성자천지도야 성지자인지도야誠者天之道也 誠之者人之道也", 성실함 자체는 하늘의 도리고, 성실함을 실천하려고 애쓰는 것은 사람의 도리다. 여기서 사람의 도리는 좋은 것을 골라서 계속하는 것을 의미합니다. 리유, 랑베르, 타루 그리고 그랑까지도 이들은 다양한 방법으로 페스트와 싸우는 전사들입니다. 랑베르는 도망가기보다 리유와 남아서 페스트와 싸우는 게 탁월하다 생각했고, 타루는 보건대를 조직하는 게 탁월하다 생각했습니다. 그렇게 각자가 탁월하다고 선택한 것을 끝까지 고집스럽게 밀고 나간 것이지요. 타루, 랑베르, 리유. 이 사람들은 모두 전쟁에서 승리한 사람들입니다. 성실한 사람들이고요. 페스트와 싸우려면 이런 태도가 필요합니다. 탁월하다고 생각한 일을 본분으로 삼아 책임지고 지속하려는 태도요.

오통 판사가 "나는 수용소에 다시 돌아가겠네"라고 했을 때와 랑베르가 리우에게 "나는 탈출 안 하고 여기 남아서 일을 하겠어요"라고 했을 때 그들은 살아 있는 자신을 느낀 걸까요?

▎신체조건이 다르고 경험이 다르고 지식이 다르기 때문에 각기 다른 선택을 했지만, 의지와 긴장을 통해 자기 생명력을 발견한 것입니다.

　　카뮈는 이 소설을 통해 무엇을 말하려고 했던 걸까요?

▎카뮈는 이 부조리한 세상에 갇히지 않고 자기의 행복, 사랑, 자유를 찾을 수 있는 방법을 알려주고자 했습니다. 페스트 같은 것들이 닥쳐와 행복과 자유를 잃더라도 의지를 갖고 긴장을 풀지 않으면 투쟁을 통해 결국 다시 그것을 찾을 수 있다. 이것이 카뮈가 『페스트』에서 전하려던 말입니다.

어떤 면에서는 신이 『페스트』의 중요한 주제이기도 합니다. 카뮈는 신을 '관념의 총아'로 보았지요 소설에는 이런 대목이 나옵니다. "신을 믿지 않는다는 것은 내가 어둠 속에 있고, 거기서 뚜렷이 보려고 애쓴다는 뜻이다." 관념에 휩싸이면 세계가 명료해집니다. 자본주의, 사회주의, 우파, 좌파 이런 것들요. 반면, 관념을 버리면 우리는 어둠 속을 걸어야 합니다. 하지만 어둠 속에서 무엇인가 분명하고 또렷하게 보려고 애써야만 하지요.

파늘루 신부와 리유, 랑베르의 차이가 무엇일까요? 파늘루 신부는 결론이 명료하지만 리유와 랑베르는 수없이 많은 토론을 합니다. 언뜻 지지부진해 보이는 두 사람의 대화는 어둠 속에서도 뚜렷하게 보기 위한 숭고한 상호작용입니다. 파늘루 신부는 리유나 랑베르와 같이 승리를 체험한 이들과 대화하며 무엇인가를 깨닫습니다. 마지막 순간, 그는 십자가를 꼭 쥐었지만 애매한 표정과 눈빛으로 죽어갑니다. 파늘루 신부도 인간적인 승리를 조금이나마 맛본 것이지요. 종교적 모호함, 종교적 머뭇거림을 느끼지 않을 수 없는 진짜 종교인의 모습을 보여준 것입니다. 리유나 랑베르 같은 사람들은 신을 믿지 않습니다. 이미 창조된 세계를 거부하고 투쟁함으로써 진리의 길을 성실하게 걸어갑니다. 한편 미셸은 어떤가요? 그는 투쟁을 시작도 하지 않았습니다. 어둠 속을 걸으려고 하지 않았어요. 그래서 제일 먼저 죽었습니다.

카뮈의 대작 『페스트』에서 교수님이 뽑으신 한 문장은 무엇인가요?

┃리유가 랑베르에게 아주 부드럽게 건넨 한마디입니다. "인간은 하나의 관념이 아닙니다." 우리는 어떤 관념을 받아들이고

그것을 수행하려고 합니다. 우리에게 직접적인 것은 삶인데 종종 관념이 삶보다 앞서는 경우를 볼 수 있습니다. 이 삶을 어떻게 만들어내는가, 어떻게 완수하는가에는 관심이 없고 자본주의, 사회주의 같은 관념만 실현하려고 하지요.

많은 사람이 관념에 갇혀 사는 것 같습니다.

▎ 의지와 긴장이 없기 때문에 그 감옥을 부수지 않고 스스로 갇힌 것입니다. 페스트에 감염된 것이지요. 예를 들어, '사랑'이라는 말을 들으면 '사랑은 무엇이다' 하는 보편적 정의가 먼저 떠오릅니다. 그리고 그 정해진 사랑, 감옥에 갇힌 사랑을 교도관처럼 집행하려고 하지요. 그러면 사랑의 모양이 다 비슷해집니다. 하지만 사랑이 관념이 아니라 삶 자체가 된다면 이 세상에 단 하나밖에 없는 모습으로 나타날 것입니다. 의지도 없고 긴장하지 않으면 정해진 사랑의 관념을 집행하는 사람으로 남기 쉬워요. 하지만 의지를 갖고 긴장을 유지하면 이 우주에서 하나뿐인 사랑을 할 수 있습니다.

그래서 "인간은 하나의 관념이 아닙니다"라는 구절을 뽑으셨군요.

┃ 저는 그랑이 상당히 감춰진 주요인물이라고 생각합니다. 리유, 랑베르, 타루 모두 어느 정도 지위나 물질적 기반을 갖춘 사람들인 데 반해 그랑은 갖추고 있는 것이 거의 없습니다. 타루가 보건대를 조직하고, 리유가 환자들을 치료하고, 랑베르가 기자로서 그곳에 와 있는 것. 그들의 조건은 어쩔 수 없이 관념을 개입시킵니다. 하지만 그랑은 그야말로 바닥에서부터 시작합니다. 영웅주의라고는 하나도 없이 아주 작은 일부터 시작해서 그 깨달음이 점점 커져가지요. 카뮈는 그 과정을 문장으로 보여줍니다. "꽃이 만발한"을 지우고 "꽃이 가득한"으로 고칩니다. 꽃이 가득하다는 것이 훨씬 사실에 가까운 표현입니다. 꽃이 만발한다는 것은 이미지화된 관념에 가깝지요. 이렇듯 구체적 표현을 통해 무언가를 승화해내는 과정이 그랑에게서 제일 잘 나타납니다.

예술은 인간이 도달할 수 있는 가장 높은 경지입니다. 개인의 특수한 문제를 보편적 혹은 우주적 문제로 승화한 것이지요. 『페스트』 역시 오랑 시의 리유가 직면한 특수한 상황을 인간 보편의 문제로 승화합니다. 특수한 문제를 보편으로 승화하는 예술적 투쟁, 이 과정을 거치지 못하면 대부분의 구체적 문제가 이데올로기에 머물다 끝납니다. 『페스트』는 사람들이 처한 개별적 상황을 인간 보편의 경지로 승화했기에 예술성을 갖는 작품으로 평가받고 노벨상까지 수상할 수 있었습니다.

『페스트』에 나오는 인물 중 가장 애착이 가는 인물은 누구입니까?

┃ 이야기를 하면서 그랑이 좋아졌습니다. 죽을 위기에 처하기도 하지만 카뮈는 그랑을 죽이지 않습니다. 오히려 전환점을 맞이하는 인물로 그랑을 선택했어요.

『페스트』를 읽으며 더 생각해봐야 할 것이 있으면 말씀해주세요.

┃ 페스트는 쥐벼룩이 옮깁니다. 이 소설에서 쥐는 중요한 모티브입니다. 처음에는 쥐가 죽어서 나타났다가 마지막에는 살아서 나타나고, 사람들이 쥐를 보고 좋아하기도 합니다. 이것은 굉장히 부조리한, 즉 우리의 해석을 넘어서는 세계 그 자체일

수도 있습니다.

우리는 세계를 위해 선을 행한 타루와 리유의 부인이 살아남기를 바라지만 그들은 결국 죽고 맙니다. 이 소설 속 인물들의 운명은 '우리는 그저 이 세계에 던져진 존재다'라고 말하는 듯합니다. 카뮈의 또 다른 작품인 『이방인』에는 이런 대목이 있습니다. "그 사람은 선한 사람도 아니고 악한 사람도 아니고, 좋은 사람도 아니고 나쁜 사람도 아니다. 다만 부조리한 사람이다."

세계나 인간이나 모두 부조리를 가집니다. 부조리하다는 것은 얼토당토않거나 이해하기 힘들다는 뜻입니다. 이 세계에는 아무리 노력해도 이해할 수 없는 그야말로 부조리한 일들이 가득합니다. 악한 사람이 꼭 벌을 받는 것도 아니고, 선한 사람이 꼭 복을 받는 것도 아닙니다. 이런 부조리한 세계에 인간은 던져져 있는 것이지요. 문제는 그 안에서 우리가 어떻게 자기로 완성될 것이며 어떻게 살아갈 것인가입니다. 외부로부터 정해진 행복은 의미가 없습니다. 내가 행복해야지요. 정해진 행복, 관념적 행복과 내 행복은 부조리한 관계입니다. 그렇다면 우리는 어떻게 행복해야 할까요? 여행을 해도 관념적으로 정해진 여행과 투쟁적인 여행은 그 과정과 결과가 매우 다릅니다. 투쟁적인 삶은 의지와 긴장을 가져야 합니다.

쥐를 보세요. 쥐는 관념적으로 부정적인 대상입니다. 그런 쥐가 다시 등장하면서 세계는 생명을 회복하고 활기를 되찾습니다. 즉, 관념적으로 부정적인 대상의 등장이 실제적으로 우리에게 행복일 수도 있는 것이지요. 삶의 요점은 부조리한 내가 부조리한 세계와 투쟁해서 어떻게 자기만의 독립적이고 주체적인 행복과 사랑을 만들어내는가입니다. 단순히 내가 행복한지 그렇지 않은지 결과만 물으면 안 됩니다. 구체적으로 어떤 행복을 원하는지 그 행복을 위해 어떤 노력을 했는지를 살펴야 하지요. 살아가면서 우리는 많은 정치적 투쟁을 봅니다. 그런데 그 정치적 투쟁들은 대부분 성공하지 못합니다. 거기에는 이념이나 관념에 대한 집착만 있을 뿐 인간에 대한 애정은 없기 때문입니다. 오통 판사가 다시 수용소로 돌아가는 것도, 리유가 부인과 멀리 떨어진 채 오랑 시에서 헌신하는 것도 모두 인간에 대한 애정이 있기 때문입니다. 이들은 인간을 사랑한 것이지 인간에 대한 사랑을 관념적으로 주장하는 것이 아닙니다.

의지와 긴장을 가지고 타자를 마음으로 사랑하는 게 이 시대에 필요한 행동이겠군요.

┃ 긴장의 출발은 자기 자신에 대한 긴장입니다. 『페스트』에서 얻어야 할 가장 중요한 교훈은 페스트에 투쟁할 의지를 갖고, 스스로 페스트에 갇혀 있지는 않은지 늘 긴장해야 한다는 것입니다.

"인간은
하나의 관념이 아니다"

‡

‡

‡

카뮈는 다니엘 디포의 문장을 제사로 끌고 와 자신의 소설 『페스트』를 규정한다. "한 감옥살이를 다른 한 감옥살이에 빗대어 표현해보는 것은 어느 것이건 실제로 존재하는 그 무엇을 존재하지 않는 그 무엇에 빗대어 표현해본다는 것과 마찬가지로 합당한 일이다." 이 문장을 통해 그는 자기 소설의 형식을 규정한다.

그 형식은 바로 이야기의 속성을 가진 문학이라면 마땅히 가져야 할 기본 미덕인 은유다. 중국의 고대 철학자 장자에게서는 우언寓言이라는 수사법으로 등장한다. 어떤 것을 그것 자체로만 말하는 것이 아니라 그것과 전혀 다른 어떤 것에 기대어 말하는 것이다. 그래야 습관적 언어에 갇혀 질식해가는 진실을 구출해내기 쉽다. 탁월한 인간은 이런 일을 유난히 잘한다. 은유를 구사해 진실을 더 잘 드러낼수록 철학적인 문인이 된다. 그렇지 못하면 자신도 모른 채 문학이라는 간판을 달고 이데올로기를 파는 뻔뻔한 글쟁이가 된다. 글을 다루는 사람이 이런 지경에 이르지 않으려면 늘 긴장해야 한다. 기본으로 보이지만 사실은 핵심이자 전부인 이것을 지키는 데에 카뮈는 매우 성실했다. 당연히 제목 『페스트』도 페스트 이상을 말하는 수고를 했다. 그렇다면 『페스트』가 보여주려는 '페스트'는 무엇인가.

지금 겪는 코로나나 과거에 겪은 페스트나 모두 강력한 병독으로 인간을 단절시키고 온 세상을 감옥으로 바꿔버린다. 『페스트』의 제목이 '수인들'이 될 수 있었다는 점을 상기하면 단절과 감옥의 이미지는 더 쉽게 다가온다. 단절과 감옥은 페스트라는 전염병에 의해서만 주어지는 것이 아니다. 카뮈는 "한 감옥살이를 다른 한 감옥살이에 빗대어 표현해보는" 방식을 사용해 페스트로 다른 페스트까지 넓게 말하려고 한다. "페스트가 대체 무엇입니까?" "그것이 바로 인생이지요." 우리 인생은 전염병에 걸린 것처럼 단절된 감옥살이에 쉽게 들어선다.

카뮈는 그 의미에 몰두한다. "사람은 제각기 자신 속에 페스트를 지니고 있다." 우리 각자는 모두 페스트를 지니고 스스로 유폐되어 죽어간다. 나를 꼭 가둔 채 그 무엇도 정해지지 않은 미지의 세계로 건너가지 못하게 내 발목을 잡는 것은 모두 페스트다. 정해진 마음, 정치적 진영, 종교적 독선, 편견과 고정관념 등등이 또 다른 페스트가 아니라면 무엇이겠는가. 이런 것들을 넘어 어디론가 건너가는 활동력을 회복해 자유를 누리는 것이 페스트에 맞서는 인간의 투쟁이다. 인간으로 존재하려는 자들이 갖춰야 하는 자격이다.

카뮈는 『페스트』의 제일 앞부분에 죽어가는 쥐들을 등장시키며 그에 대해 다르게 반응하는 두 인물을 선명하게 대비한다. 두 인물은 병원을 지키는 수위 미셸과 의사 리유다. 미셸은 성실하고 착한 사람이지만, 쥐들이 죽어가는 일을 목격하고도 누가 장난을 치고 있다는 둥 줄곧 해왔던 익숙한 방식으로 자기에게 편하게 해석해버린다. 정해진 관념의 지배를 쉽게 받아들이고 거기서 오는 익숙함으로 평안을 누리는 자들은 예민하지 않고 둔감하다. 미셸이 그랬다.

반면에 리유는 민감하게 반응한다. 아직 드러나지 않은 사건의 진원을 찾으러 변두리 빈민가까지 헤집는다. 어쩔 수 없다. 페스트 속에서 잘 살아남으려면 굳은 의지를 품고 긴장해야 한다. 긴장하지 않으면 쉽게 죽음의 길로 들어선다. 미셸은 자신을 가두는 정해진 마음에서 벗어나려는 의지가 약했고, 의지가 약하다 보니 긴장하지 못했다. 가장 중요한 출발은 벗어나려는 의지와 투쟁이다. 이 투쟁적 의지야말로 인간이 왜 인간인지를 말해주는 출발이다. "체념하고서 페스트를 용인한다는 것은 미친 사람이나 눈먼 사람이나 비겁한 사람의 태도일 수밖에 없습니다." 나는 페스트를 용인하는 자에게 게으른 사람이라는 명찰을 하나 더 달아주고 싶다.

긴장하지 않고 관념에 갇히면 게으름 피우다 쉽게 죽는다. 『페스트』에 등장하는 인물들은 모두 미셸과 리유가 만드는 거리 사이에 존재한다. 성스러운 얼굴을 하고 관념에 심히 갇힌 사람으로는 파늘루 신부가 있다. 신은 관념의 우두머리다. 파늘루 신부는 "페스트에도 그것대로 유익한 점이 있어서 사람의 눈을 뜨게 하고, 사람으로 하여금 생각하게 한다고 여긴다". 정해진 관념으로 해석하면 병고도 유익한 점이 있다. 자신의 발목을 잡는 정해진 마음도 유익한 점이 있다고 할 수 있다. 공산주의자는 공산주의에 있는 유익한 점을 말하고, 자본주의자는 자본주의에 있는 유익한 점을 말한다.

관념은 없고 존재는 있다. 봄은 없고 새싹이 돋아나는 사건만 있다. 일반명사인 봄은 관념이며 새싹이 돋는 사건은 존재다. 게으른 자는 봄을 말하고 긴장하는 자는 돋아나는 새싹을 살핀다. 게으른 자는 봄을 논하느라 새싹을 외면한다. 살피지 않고 외면하는 사이에 빚어지는 엇박자가 길어지면 인생은 발이 묶인 야생마처럼 속절없다. 리유는 페스트에 걸려 고통 속에서 죽어가는 아이의 곁을 지키다 "아이들마저 주리를 틀도록 창조해놓은 이 세상이라면 나는 죽어도 거부하겠습니다"라며 파늘루 신부 앞에서 절규한다. 이는 페스트에 발이 묶인 한 인간이 감옥 문을 열고 자유를 되찾겠다는 투쟁적 선언이다.

보건대를 조직해 페스트와 투쟁하던 타루의 관심사는 "어떻게 하면 성인^{聖人}이 되는가?"였다. 이에 대해 리유는 말한다. "내가 관심을 두는 것은 그저 인간이 되겠다는 것입니다." 성인은 관념이고 인간이 되겠다는 나는 존재다. 카뮈는 보건대까지 조직해 선을 행하던 타루를 죽이고 리유를 살렸다. 타루처럼 나를 혁명하는 데에는 관심 없이 우리를 혁명하는 데에만 열을 내느라 스스로 갇히는 자들도 있다. 우리는 관념이고 나는 존재다. 정해진 사랑을 실천하느라 자신의 사랑을 잃고 발이 묶인 자들도 있다. "그러나 사실 아무것도 사랑하지 않게 되고 만다면 투쟁은 해서 뭣하겠는가." 관념의 우두머리인 신의 대리인으로 지내는 것은 죽음의 길이고, 구체적 존재인 자신의 주인이 되어 인간으로서 자격을 갖춰나가는 것은 삶의 길이다.

관념에 갇히면 보지 않고 판단한다. 보는 것은 세상이 내게 밀려들어오도록 자신을 무방비 상태로 활짝 여는 일이다. 자신을 곧게 세우고 움직이지 못하게 하는 지지대들은 하나도 남기지 않는다. 하지만 판단하는 것은 지지대에 기대어 그 너머의 세상을 단정하는 일이다. 카뮈에게 가장 강력한 지지대는 신이었다. 타루가 묻는다. "선생님은 신을 믿으시나요?" 리유가 말한다. "믿지 않습니다." 신을 믿지 않는다는 말의 의미를 리유는 이렇게 설명한다. "나는 어둠 속에 있고 거기서 뚜렷이 보려고 애쓴다는 뜻입니다." 지지대가 되어줄 관념을 버린 인간은 숙명처럼 어둠의 혼란 속에서 무언가를 뚜렷이 보려고 애쓸 뿐이다. 죽어 있는 관념을 말하는 대신 "임종하는 자의 숨소리"를 뚜렷이 들으려고 애쓴다. 이것이 페스트와 싸우려는 의지를 가진, 긴장하는 인간의 모습이요 인간적인 투쟁이다.

세계는 어둠이자 '부조리不條理'다. 보건대를 조직해 헌신한 타루도 죽고, 아무 죄 없는 어린아이도 고통 속에서 죽고, 리유의 부인도 죽는다. 선한 일을 해도 '조리條理'의 정점에 있는 신은 그들을 살리지 않는다. 이렇듯 부조리한 세상에서 인간은 "뚜렷이 보려고 애쓸 뿐이다". 애써 살피고 "자신의 직분에 충실한 성실성"으로 쉼 없이 투쟁한다. 승리의 조짐이라고 해서 마냥 밝고 환하지는 않다. 페스트를 옮긴 더러운 쥐가 꼬리를 휘저으며 도시에 다시 나타나자 해방의 기운도 함께 시작된다. 자유의 기쁨은 관념 덩어리인 신의 찬미에 묻혀 있지 않고 이 더러운 말에 있다. "쥐 말이에요, 쥐!"

Hermann Hesse
Demian

4

헤르만 헤세
『데미안』

그것이 왜 그토록
어려웠을까?

인간은 온전히 자기가 되는 순간 신성을 경험한다. 자기 안에서 스스로 신이 됨으로써 그는 자기만의 신화를 일구는 주인으로 이 세계에 등장한다. "내 속에서 솟아 나오려는 것, 바로 그것을 나는 살아 보려고 했다"라는 첫 구절은 나는 나로 살아야 존재의 완성을 경험한다는 확신을 알려주는 웅변이다. 인간은 흔히 인간으로 완성되는 이 길에서 우왕좌왕하고 좌절한다. "왜 그것이 그토록 어려웠을까?" 방황하는 길 위에서 "너는 누구냐?"라는 환청에 시달린다면, 오히려 괴로워 말라. 이는 병이 아니다. 신이 되어가는 고단한 여정에서 스스로 내리는 축복의 성스러운 종소리다.

『데미안』에 관해 본격적으로 이야기를 나눠보기 전에 헤르만 헤세가 어떤 인물인지 알아보도록 하겠습니다. 헤르만 헤세는 1877년에 태어나 1962년에 세상을 떠난 독일계 스위스인 소설가이자 시인입니다.

❙ 신학교에 들어갔다가 시를 쓰기 위해 자퇴하기도 했습니다.

독일에서 이천 편이 넘는 그의 시가 노래로 만들어졌다고 하지요. 20세기 독일 시인 중에서 가장 많은 시가 노래로 만들어진 시인입니다. 소설로는 『수레바퀴 밑에서』『나르치스와 골드문트』『싯다르타』 등이 있고, 1946년에 『유리알 유희』로 노벨문학상을 받았습니다.

│『데미안』은 1916년에 집필을 시작해서 제1차 세계대전이 끝난 후인 1919년에 출간됐습니다. 헤르만 헤세는 본명이 아니라 소설의 주인공인 에밀 싱클레어라는 가명으로 발표하며 당시 센세이셔널한 반응을 이끌어내기도 했습니다. 토마스 만은『데미안』을 두고 이렇게 말합니다. "제1차 세계대전 직후 싱클레어라는 알 수 없는 인물이 쓴『데미안』이 불러일으킨 온몸을 전율케 하는 충격을 잊을 수 없다. 그것은 무서울 정도로 시대의 정곡을 찌르는 작품이었다."『데미안』은 폰타네상도 받지만 신인에게 주어지는 상이어서 헤세는 이 상을 받지 않습니다. 그 후 한 비평가의 문체 분석으로 싱클레어가 헤르만 헤세라는 사실이 밝혀졌고 1920년 4쇄부터는 작가명이 헤르만 헤세로 인쇄되었다고 합니다. 헤르만 헤세의 시 가운데『데미안』을 연상시키는 시가 있습니다. 「행복」이라는 시입니다.

행복을 좇는 한 넌
행복에 이를 때가 되지 않았다
가장 좋아하는 것들을 모두 갖고 있다 해도

모든 소망을 체념하고

몇 가지 목표를 가진 채 안달하는 한
넌 평화가 무언지 아직 모른다

모든 소망을 체념하고
목표도 욕망도 더는 알지 못하고
더 이상 행복을 여러 이름으로 부르지 않는다면

비로소 수많은 사건들이 더는 네 심장에 이르지 않는다
그리고 네 영혼은 쉴 것이다.

이 시를 읽어보니 본명이 아니라 싱클레어라는 이름으로 작품을 발표한 헤르만 헤세의 의도를 알 것 같습니다. 우리는 행복을 추구한다고 하면서 이미 존재하는 행복이라는 이미지, 관념에 자기를 끼워 맞추려고 하지요. 다시 말해, 자기만의 행복을 생산하려는 존재가 아니라 정해진 행복에 다가가려고 애쓰는 존재가 되는 것입니다. '행복'이라는 관념은 사람들이 만들어낸 것인데, 행복해야 하는 사람들이 오히려 소외되는 현상이 벌어지는 것이지요. 『데미안』에서도 '행복을 창조하는 존재가 되어야 한다'라는 주제가 일관되게 전개되고 있습니다. 「행복」의 첫 구절과 매우 맞닿아 있는 것 같네요.

『페스트』에서 교수님이 뽑으신 "인간은 하나의 관념이 아니다"라는 문장과도 연결되는 것 같은데요. 네 번째 책으로 『데미안』을 선택하신 이유는 무엇인가요?

| 『데미안』에도 나오지만, 죽기 전까지 우리에게 부여된 가장 숭고한 사명은 나를 대면하는 것입니다. 내가 나를 찾아야 하고, 내가 원하는 내가 되어야 하지요. 내가 원하는 내가 된 사람이 이 창의적이고 선도적인 일을 하는 경우가 많습니다. 큰 성취도 다 그런 사람들에게서 일어나고요. 스스로 원하는 사람이 된 자는 질문하는 자이고, 스스로 원하는 사람이 되지 못한 자는 대답하는 자입니다. 이 세계는 질문하는 자들의 것입니다. 이 세계에 존재하는 모든 것이 질문의 결과이지요. 대답의 결과로 존재하는 것은 단 하나도 없습니다. 그래서 내가 나를 향해 나아가는 길, 그 길에 대해 숙고하는 계기가 되었으면 해서 이 책을 골랐습니다.

나는 누구인가, 내가 가야 할 길은 어디인가, 그리고 그 길

을 어떻게 갈 것인가를 생각하는 건 너무 어려운 문제 같습니다.

▎『데미안』에 이런 말이 나옵니다. "인간이 자기 자신을 향해 나아가는 일보다 더 하기 싫은 일은 없다." 자기 자신을 향해 나아가는 일이 왜 힘든 걸까요?

　자기를 이겨야 해서 그런가요?

▎자기를 이겨야 할 뿐만 아니라 끊임없이 숙고해야 하는 일이기 때문입니다. 그것이 힘들고 두렵기 때문에 하기 싫은 것이지요. 앞에서 이야기했듯이 행복을 추구하는 것보다 생산하는 것이 더 어렵습니다.

　그래서 자꾸 행복을 추구하려고 하는군요.

▎이미 정해져 있기 때문에 자기 스스로 숙고하지 않아도 되잖아요. 그냥 따라가기만 하면 됩니다. 그러니까 행복을 추구하는 것이 자기가 무엇을 좋아하는지, 어떤 때 행복한지를 아는

것보다 쉽지요. 우리의 행복은 알기 쉬운데, 내 행복은 알기 어려워요. 그래서 자기를 찾는 게 생산성도 높고 의미도 있다고 생각하지만 과감히 자기를 바치지는 않지요. 치열하게 생각하고 세심하게 살펴야만 알 수 있으니까요. 어떤 문제든지 내가 어떻게 반응하는가에 따라 굉장히 큰 차이가 만들어집니다. 『데미안』 속 이 구절은 외우면 좋겠습니다. "나는 내 속에서 스스로 솟아나는 것, 바로 그것을 살아보려고 했다. 그것이 왜 그토록 어려웠을까."

해야 하는 것을 하기가 더 쉬울까요, 하고 싶은 것 하기가 더 쉬울까요? 해야 하는 것 하기가 더 쉽습니다. 정해져 있는 것은 숙고할 필요가 없으니까요. 그런데 자기가 바라는 것은 자기 안에서 솟아나는 것임에도 불구하고 그것을 들여다보는 일은 굉장히 어렵습니다. 그것을 헤세는 두려움이라고 표현했어요. 내가 바라는 것은 궁금증과 호기심을 동반하고, 나는 그것에 힘입어 두려워도 내 안에서 솟아나는 것을 보고자 합니다. 그렇게 내 안의 행복은 현재 상태를 넘어 다음 단계로 가야지만 실현될 수 있지요. 그런데 대부분 이 다음 단계는 해석되지 않습니다. 『데미안』에 나오는 표현에 의하면 "어둠의 세계"지요. 그래서 두려운 겁니다. 해야 하는 것은 꽂혀 있는 깃발이라서 잡으면 되지만, 하고 싶은 것은 항상 어디론가 넘어가려는 충동과 함께합니다. 하지만 넘어가려는 그곳은 해석되지 않고, 드러나지 않고, 음산하고 이상해요. 그래서 두려움의 대상이 됩니다. 항상 불안이 개입하는 것입니다. 우리가 자식들에게 하고 싶은 것은 나중에 이야기하고, 해야 하는 것부터 이야기하는 까닭도 그렇습니다. 해야 하는 것을 먼저 하는 게 안전하니까요.

내가 하고 싶은 것을 하기 위해서 어느 곳에 매여 있다가 뛰쳐나왔는데 사회적 통념으로 실패했다고 할 수 있잖아요.

┃ 사람들은 무엇을 하든 스스로 만족하면 되지 않냐고 이야기합니다. 그런데 그 만족이 감각적 만족인가, 이성적 사유를 거친 만족인가 하는 것에는 큰 차이가 있습니다. 여기서 내가 바라는 삶이 동물적 삶에 가까운지, 인간적 삶에 가까운지를 구분할 수 있어야 합니다. '내가 무엇을 원하는지에는 관심 없다. 돈이 많고 사회적 지위가 있고 건강하게 살면 만족한다. 나는 나를 들여다보고 싶지 않다'라고 생각한다면 이런 숙고를 거칠 필요가 없지요. 그런데 『데미안』은 인간적 완성으로 향하는 길을 가는 삶이 의미 있다고 생각하는 사람들을 위한 책입니다. 동물

적으로 살면 어떻고 인간적으로 살면 어떻냐고 묻는다면 이 책을 읽을 필요가 없지요.

그런데 우리가 하고 싶다고 생각하는 것들은 대부분 돈이 많이 들잖아요.

┃하고 싶은 것에 많은 비용이 든다면 돈을 벌면 됩니다. 혹은 지금의 경제적 조건에 맞출 수도 있고요. 다만, 하고 싶은 것을 할 때 우리는 반드시 한 가지 질문을 던져야만 합니다. '그것이 금지된 것인가 허용된 것인가'에 대한 숙고가 있어야 하지요. '허용된 것을 하고 금지된 것을 하지 마라'가 숙고의 결론이 되어서는 안 됩니다. 우리는 허용된 것과 금지된 것 모두를 자세히 들여다보며 숙고해야 합니다. 이미 금지된 것은 하지 않고 허용된 것만 하는 것은 숙고의 결과가 아닙니다.

초반에 말씀하신 자신이 나아가야 할 길이네요.

┃인간적 완성으로 나아가려면 외부의 지시를 그대로 따르기만 해서는 안 됩니다. 외부의 규정을 따르기만 하던 습관에 의

해 정해진 것은 바로 따르면서 금지된 것은 안 하려고 한다면, 그것은 자기 생각이 없어진 것이지요. 인간으로서 우리는 정해진 것과 정해지지 않은 것, 허용된 것과 허용되지 않은 것, 금지된 것과 금지되지 않은 것에 대해 숙고해야 합니다. 그렇게 계속 숙고하다 보면 자기 행위와 자기 정당성, 자기의 규율이 마치 폭탄이 폭발하듯이 등장합니다. 그게 바로 '나'예요. 그런데 사람들은 숙고하지 않고, 불현듯 나타나는 그것을 귀하게 여길 줄 모릅니다.

『데미안』의 첫 번째 사건이 싱클레어의 거짓말이잖아요. 저는 이 거짓말이 싱클레어가 자기를 찾는 길로 나서는 촉매제가 되었다고 생각합니다. 거짓말을 한다는 것은 스스로 균열을 내는 것, 자기 자신에게 상처를 입히는 것이잖아요. 그렇다면 싱클레어는 왜 거짓말을 했을까요? 그는 지금의 자기 자신이 아닌 곳으로 가고 싶었던 겁니다. 지금 자기가 있는 안전한 곳, 밝은 곳, 편한 곳을 넘어서려면 스스로 상처와 균열을 낼 수밖에 없는데, 그 나이에 싱클레어가 할 수 있는 일은 거짓말밖에 없었습니다. 자신을 넘어서기 위한 자기만의 방식이었지요. 여기서 도덕적 관념에 갇히면 거짓말로 시작한 일이 무슨 의미가 있느냐고 물을 수 있습니다. 그런데 그때 데미안은 '거짓말에 대해 숙고해서 다른 곳으로 가 있는 네가 성숙해진 너야'라고 말합니다.

싱클레어는 데미안을 만나서 새로운 세계로 진입합니다. 그 세계를 '사유의 세계'라고 표현할 수 있습니다. 자기가 바라는 것은 사유가 아닌 듯 보이지만, 이것이 바로 '사유'입니다. 사유는 지적인 태도를 기반으로 합니다. 지적인 태도는 감각과 본능을 극복하려는 마음가짐입니다. '거짓말하면 나쁜 놈, 거짓말 안 하면 착한 놈.' 이것은 감각적이고 본능적인 반응입니다. 정해진 기준을 아무런 숙고와 사유 없이 그대로 따르는 것이기 때문입니다. 반면에 '지금 내가 거짓말을 하고 싶어서 하는가? 거짓말을 하고 싶어 하는 나는 누구인가? 그래서 나는 거짓말을 할 것인가?'와 같은 숙고의 과정은 감각과 본능을 벗어나는 과정입니다. 소설에도 이런 대목이 나오더라고요. "무엇을 가지고 있느냐 그리고 그것을 알려고 하느냐 하는 것 사이에는 큰 차이가 있지. 인식의 희미한 불꽃이 시작될 때 그는 비로소 인간이 되지."

그래서 아까 동물적 삶이냐 인간적 삶이냐 하셨던 거군요.

▎우리는 인식하려고 하면 할수록 인간으로 존재함에 가까워집

니다. 바람직한 일을 하는 건 적극적으로 인식하기보다 이미 소유한 관념을 집행하는 것이지요. 반면에 자기가 바라는 일을 하는 건 인식적이고 지적인 활동 그 자체입니다. 알베르 카뮈도 인식을 굉장히 강조합니다. 카뮈는 이렇게 말해요. "인식이란 사색이라 할 수 있다. 그런데 인식하면 느낌을 안에 품어서 그것을 본질적인 것으로 바꾸어 빛을 발하게 한다." 어떤 대상이나 사건을 본능적으로 그대로 받아들이느냐 아니면 사유의 대상으로 삼아 관찰하느냐에는 큰 차이가 있습니다. 단적으로 말해서 인간이 만든 모든 것은 생각의 결과입니다. 물건이나 제도나 철학 이런 것들은 전부 인식의 결과이고, 사유의 결과이고, 생각의 결과예요. 생각하는 자들은 새로운 것을 만들어내고 그렇지 않은 자들은 누가 만든 것을 가져다 쓸 수밖에 없습니다. 빌려 쓰는 것이지요. 신은 만들어 쓰는 자이지 빌려 쓰는 자가 아닙니다. 세계의 주인이 되는 사람은 생각하는 사람인 것이지요. 물론 생각하지 않으면서 살 수도 있습니다. 먹고 사는 것만으로 만족하며 살다 가는 것이지요. 그러나 인간으로서 최소한의 각성을 한 사람들은 먹고 사는 것 이상을 꿈꿉니다. 바로 건너가기입니다. 싱클레어의 건너가기는 자기 자신이 되어가는 과정이라고 할 수도 있고, 데미안과 합일하는 과정이라고 할 수도 있습니다. 이렇듯 여기서 저기로 건너가는 모든 과정 중에서 인간으로서 갖출 수 있는 높은 지혜가 실현됩니다. 그리고 계속 건너갈 때 이것을 투쟁이라고 하는 것이지요.

생각을 너무 많이 해서 오히려 아무것도 하지 못한다면 심사숙고하는 게 독이 될 수도 있지 않을까요?

▎우리는 보통 '생각한다'가 아니라 '생각이 난다'라는 말을 많이 씁니다. 첫사랑과 헤어진 일, 친구와 싸운 일, 선생님에게 혼났던 일이 떠오르는 것. 그런 것들은 생각이 아니라 잡념입니다. 생각은 항상 다음을 도모하고, 어떤 목표나 목적을 향해서 계속 나아갑니다. 다음을 갈망하는 의식의 집중적 활동, 이것을 생각이라고 할 수 있지요. 물론 생각을 너무 많이 해서 아무것도 못 하게 될 수 있습니다. '방황'을 하는 것이지요. 저도 생각이 많아 아무것도 못 하고 방황하던 시절이 있었습니다. 제게는 오히려 그때가 좀 더 나를 단련하고 객관적으로 볼 수 있었던 감사한 시간이었지요.

생각의 발단은 불편함을 인식하는 겁니다. 불편함을 인식해서 어떤 문제를 발견하면 그것을 해결하려고 덤비는 일, 이것이 생각입니다. 인간이 만든 모든 것이 다 불편함을 해결한 결과입니다. 싱클레어가 보여주는 과정도 과거와 계속 투쟁하는 현재의 연쇄로 이루어져 있습니다. 생각이 너무 많아 걱정이신 분들은 자기가 어떤 문제를 발견해서 그 문제와 투쟁하게 되었는지를 살펴보시면 생각의 효율성이 더 높아질 겁니다.

『데미안』 속 싱클레어도 밝고 환한 세계에서만 살던 자신이 불편하고 답답했을 겁니다. 그래서 거짓말을 통해 균열을 낸 것이지요. 거짓말을 하지 않았으면 안락한 유년기를 보냈을 텐데 싱클레어는 균열을 내서 온갖 방황을 겪습니다. 그 온갖 방황이 형편없어 보이고, 싱클레어가 균열을 내지 않았다면 가질 수 있었던 안온한 삶이 더 나아 보인다면 『데미안』을 읽을 필요가 없습니다. 우리는 이 편안함이 인간으로 살다 가는 과정에서 자기를 얼마나 작게 만드는지 알아야 하고, 이것을 벗어나서 힘들게 건너가기를 계속한 사람들이 이 세계를 얼마나 넓고 깊고 높게 경험하다 가는지를 이해해야 합니다. 안락하고 풍요로운 삶이냐, 가난하고 비루한 삶이냐의 대비는 여기에서 의미가 없어요. 우리는 지금 인간의 크기와 깊이에 대해 이야기하고 있는 것입니다.

이제 데미안, 피스토리우스, 크로머 같은 인물들에 대해 이야기해볼까요.

┃ 피스토리우스는 목사로서 상당히 수준 높은 화술을 구사할 수 있고 조직도 가지고 있습니다. 그런데 그는 과거를 개량하려는 사람이지, 새로운 세계를 도모하는 사람은 아닌 것 같아요. 즉, 알을 깨고 나오려는 자가 아니라 그냥 알 속에 머물려는 자 같습니다. 이 소설이 집필되던 당시에 제1차 세계대전이 일어났어요. 전쟁은 잔인하고 폭력적이지만 세상은 이를 통해서 새로워지기도 합니다. 소설 속에서 싱클레어나 데미안과 같은 유럽의 지식인들은 유럽 사회가 새로워져야 한다는 인식을 가지고 있었습니다. 나중에 싱클레어가 군대에 가기도 하는데, 그것은 어떻게 보면 자기가 가진 한계를 돌파하는 방식이었던 것 같습니다. 피스토리우스는 지적 수준은 높지만 새로운 세계를 꿈꾸거나 도전하는 사람은 아니었지요.

피스토리우스도 싱클레어가 자신에게 너무 과거에 묻혀 있는 사람 같다고 했을 때 인정하는 모습을 보였잖아요.

┃ 관념에 갇혀 있는 거지요. 최근에 카뮈의 이야기를 재미있게 읽었는데, 그가 이런 말을 합니다. "나는 마르크스를 통해서 자유를 배운 것이 아니라 가난을 통과하면서 자유를 배웠다." 가난은 내가 실존하는 현실이고, 마르크스의 자유는 나의 현실과 거리가 먼 이상입니다. 『데미안』에도 이런 말이 나옵니다. "이제부터는 별이나 책에서 배우는 것이 아니라 나의 피가 속삭이는 소리를 듣겠다." 별이나 책은 전부 정해진 것이에요. 피가 속삭이는 소리가 온전히 나의 소리지요. "마르크스를 통해서 자유를 배우지 않고, 가난을 통해서 자유를 배웠다." 이 자유는 정해진 자유를 수용한 것일까요, 자기의 자유를 생산한 것일까요? 생산한 거지요. 이 생산을 통해서만 인류는 앞으로 한 걸음씩 나아갈 수 있습니다. 이 소설에서도 싱클레어가 피스토리우스를 비판하면서 하는 말이 무엇인가요. "과거의 지식이 너무 많다. 새로운 것은 도서관이나 박물관에서 나오는 것이다"라고 말합니다. 마르크스를 통해서 자유를 배운 사람들은 마르크스의 자유를 가지고 세상을 컨트롤하려고 합니다. 그런데 자기의 가난에서 자유를 배운 사람은 내 자유를 딛고 자기만의 새로운 세계로 나아가려고 하지요. 사랑도 그렇습니다. 우리는 보통 사랑한다고 하면서 학습된 사랑을 수행하려고 합니다. 나의 고유

한 사랑을 생산하지 않고요. 『데미안』에 나오는 이야기인데, 인간이 태어날 때 우주로부터 소명을 받잖아요. 그렇다면, 약 80억 명의 인구를 가진 이 지구에는 몇 개의 소명이 있을까요? 약 80억 개의 소명이 있겠지요. 그런데 사람들은 그 80억 개의 소명 중 자기에게 주어진 것을 찾아 수행하려고 하지 않고 학습된 소명 몇 가지에 자기를 맞추려고 합니다. 80억 개의 소명이 들끓는 세상과 몇 개의 소명으로 일사분란하게 움직이는 세상 중에 어디가 더 역동적이고 행복할까요? 소명이 80억 개인 쪽이 더 역동적이고 행복합니다. 학습된 사랑을 하는 사람들은 사랑 속에서 행복하기 어렵습니다. 학습된 사랑을 한다는 건 사랑에 대해 기준을 갖는 거예요. 기준을 가지면 사랑도 좋은 사랑과 나쁜 사랑으로 나누게 됩니다. 소설에서도 처음에 싱클레어는 밝고 환한 세계와 어두운 세계를 완전히 나누어 밝고 환한 곳만 사회라고 했지요. 그러다가 자기가 있는 밝은 세계에서 버려져 있던 어두운 세계를 수용함으로써 반만 사는 인간에서 전체를 사는 수준 높은 인간으로 성장한 것입니다.

내 소명을 찾아서 나답게, 인간답게 살아가야겠다고 생각해보는 시간인데요. 이번에 교수님이 『데미안』을 읽고 뽑으신 한 문장은 무엇인가요? 저는 데미안이 싱클레어에게 나방에 대해 이야기하는 부분이 와 닿았습니다. "사람은 늘 물어야 해. 늘 의심해야 하는 거야. 나방이 별이나 혹은 그런 무언가에 제 의지를 쏟으려고 했다면 그건 이룰 수 없었을 거야. 다만 나방은 그런 시도를 하지 않는다는 거지. 오로지 제 의미와 가치가 있는 것, 제게 필요로 하는 것, 꼭 가져야 하는 것만 찾아. 그렇기 때문에 믿을 수 없는 일도 이루어지는 거지."

┃『페스트』를 읽을 때도 인간이 되는 가장 중요한 방법의 하나로 성실성을 이야기했잖아요. 『데미안』에서도 성실성이 굉장히 강조됩니다. 뒤에 이런 말이 나오더라고요. "그 길이라는 것은 무엇이든 우연히 발견되고 우연히 시작되는 것은 없다. 사람이 무언가 간절히 원하는 것이 있다면 그것은 이루어진다." 티베트 『사자의 서』에 나오는 "사람은 자기가 원하는 바로 그 사람이 된다"라는 구절이 저희 집 벽과 냉장고에 오랫동안 붙어 있었어요. 저는 이 말을 정말 믿어요. 원했느냐 원하지 않았느냐, 어느 정도로 원했고 얼마나 진실했느냐, 이 질문에 확실히 답할 수만 있다면 이루지 못할 일은 없다고 봅니다. 그것을 가능하게 해주

는 무엇인가가 내 안에 있다는 것을 믿어야 한다. 자기가 찾은 길을 믿고 꾸준히 나아가면 이루어지는 겁니다.

이전 책들은 한 문장을 꼽는 데 어렵지 않았습니다. 그런데 이번엔 내면에서 세 문장이 심한 경쟁을 했어요. 제가 처음에 뽑은 말은 "모든 인간은 자기 자신 이상이다"라는 문장입니다. 인간은 누구나 자기가 아는 것보다 더 강합니다. 자기가 아는 자기보다 더 아름답고, 더 괜찮은 사람이에요.

우리는 어떠한 이유로 쪼그라들어 있는 것이군요.

▌바라는 것을 잃어버리면 그렇게 되겠지요.

바람직한 것에 자신을 계속 맞추다 보면 그럴 수밖에 없겠네요.

▌내 피가 속삭이는 소리를 들어야 하는데 별과 책이 하는 소리를 듣고, 내 가난에서 자유를 배워야 하는데 마르크스를 통해서 자유를 배워요. 그러니 어떻게 내가 하찮아 보이지 않겠습니까. 제가 백 퍼센트 확신합니다. 인간은 누구든지 자기가 생각하는

것보다 더 강하고 아름답고 괜찮아요. 그러니 용기를 갖고 하고 싶은 일을 하시기 바랍니다.

이 문장을 뽑아놓고 보니 마음이 바뀌어서 한 문장을 더 뽑았습니다. "진정한 천직이란 자기 자신에게 도달하는 한 가지뿐이다." 별에 도달하는 것, 마르크스에 도달하는 것이 우리의 천직이 아닙니다. 우리의 천직은 자기의 피가 속삭이는 소리를 듣는 것이지요. 그런데 앞의 두 문장은 조금 추상적이고 멀게 느껴져서 매우 구체적이고 가깝게 다가오는 문장으로 다시 뽑아봤습니다. "이제는 한 번이라도 진짜로 살아보고 싶다." 이건 제가 여러분에게 드리는 한 문장이지만 사실은 저에게 주는 것이기도 합니다. '진짜로 산다'는 것은 무엇일까요? 나를 향해 쉼 없이 걷는 일입니다. 나를 향해 쉼 없이 걷는다고 하면 누군가는 오해하고 '나는 내 삶에 만족해'라고 할 수 있지요. 그런데 그 만족이 그저 감각적인 것인지 아니면 지적인 것인지에는 매우 큰 차이가 있습니다. 예를 들어, 제가 당뇨가 있어 식이요법을 한다면 어쩌다 먹는 아이스크림에 얼마나 만족스러울까요. 그런데 '당뇨로 죽더라도 나는 아이스크림을 먹겠다' 이건 전형적인 감각적 만족입니다. 반대로 제가 지금 당분을 많이 섭취하면 안 된다고 판단해서 아이스크림을 먹지 않는다고 가정해봅시다. 여러 조건을 숙고해서 아이스크림을 먹지 않았을 때 오는 자유와 만족감이 있겠지요. 단 이러한 자유와 만족감에 이르는 여정은 굉장히 힘든 것입니다. 얻기 쉬운 감각적 만족에 한번 빠지면 감각을 극복한 지적 만족을 느끼기가 어려워요. 제가 이 이야기를 한 것은 숙고, 인식, 사유, 생각 같은 지적 투쟁이 인간을 인간으로 만드는 토대이기 때문입니다.

"이제는 한 번이라도 진짜로 살아보고 싶다"라고 할 때 '진짜로 사는 것'은 자기를 향해서 부단히 거는 것입니다. 그러면 이렇게 물을 수 있어요. '이기적인 삶이 아닐까요?' 그런데 숙고하는 삶은 이기적일 수 없습니다. 반대로 숙고하지 않는 삶은 이기적이고 폐쇄적이지요. 왜 그럴까요? 바람직한 것을 하는 경우와 바라는 것을 하는 경우를 생각해봅시다. 바람직한 것은 사회가 이미 정해놓은 기준을 습관처럼 내면화한 결과입니다. 그렇게 정해진 기준에 갇혀 숙고의 과정 없이 행동하다 보면 이기적이고 폐쇄적이게 됩니다. 바라는 것을 하면 오히려 궁금증과 호기심을 바탕으로 새로운 세계를 받아들일 수 있기 때문에 개방적인 사람이 됩니다. 지금 우리 사회는 새로운 세계에 대한 호기심을 제대로 발휘하기 어려운 폐쇄적인 상태라고 생각합니다. 사회가 이미 정해놓은 기준을 좇는 사람들은 생각이라는 것을 할 필요가 없습니다. 사회가 시키는 대로만 하면 되고, 사회가 시키는 말만 반복하면 되니까요. 그런데 자기를 향해 걷는 사람은 그런 폐쇄적인 사회 전체에 대해 숙고합니다. 숙고함으로써 그 굳어진 사회가 나아갈 다음 단계, 새로운 세계를 모색하는 것이지요. 자기를 향해서 부단히 걷는 일, 자기에게 도달하려는 지적 욕구, 이것이야말로 인간을 완성하는 길입니다.

싱클레어를 보세요. 거짓말하는 것에서부터 하나하나 스스로 한계에 부딪힙니다. 그 말은 자기 안에서 자기만의 문제가 드러났다는 것입니다. 베아트리체와 사랑에 빠지고 또 다시 한계에 이르지요. 결국 베아트리체도 떠납니다. 피스토리우스를 만나서도 한계에 부딪히지만, 싱클레어는 결국 이 한계를 돌파합니다. 재미있는 인물은 크나우어인데, 크나우어가 중요한 계기를 마련해준 것 같습니다. 데미안이 싱클레어에게 한 행동을 이제는 싱클레어가 크나우어에게 하게 된 것입니다. 그것은 데미안만큼 싱클레어가 성장했음을 상징적으로 보여줍니다. 이후 싱클레어는 여행을 떠나서 데미안의 어머니 에바 부인을 만납니다. 그녀는 데미안을 묘사할 때, 남자의 얼굴을 하고 있는데 여자의 모습도 보이고 열정적인 것 같은데 고요한 것도 같다며 대립적인 상태를 표현합니다. 에바 부인도 남성과 여성의 양면을

Hermann Hesse
Demian

모두 지닌 모습이에요. 이 소설에서 데미안과 에바 부인으로 상징되는 인간의 궁극적인 단계는 '대립면의 공존'입니다. 대립면이 공존할 때 사람들이 드러내는 가장 큰 특징은 고독이지요. 고독은 외로움과 달라요. 외로움은 다른 무엇이 없어서 생기는 약한 마음이지만, 고독은 자기 안에 머무는 것, 자기만 존재하는 것, 굉장히 당당하고 심지어는 오만하기까지 한, 매우 강한 마음입니다. 자기에게 향한다는 말은 고독하다는 뜻이고요. 고독한 사람은 질문을 합니다. 반면 대답하는 자는 휘둘리는 자입니다. 또한 바라는 것을 하는 자는 고독한 자이고, 바람직한 것을 하는 자는 휘둘리는 자입니다. 싱클레어가 베아트리체와 사랑에 빠지고 무슨 말을 했나요? "이제 혼자 있을 수 있게 되었다." 우리는 보통 혼자 있기 어려워서 사랑을 하잖아요. 하지만 싱클레어는 베아트리체를 사랑해서 혼자 있을 수 있게 되었어요. 그 이전에는 어땠나요? 데미안이나 다른 어떤 존재를 필요로 했지요. 하지만 이제는 혼자가 되어 독서를 하고 산책을 할수 있게 된 겁니다. 독서나 산책이 아무것도 아닌 것 같지만 이것은 고도의 지적 작업입니다. 독서를 통하면 내가 다른 데로 건너가고, 산책을 해도 내가 다른 데로 건너가지요.

함석헌 선생님이 그런 말씀을 하십니다. "너만의 동굴을 가졌는가.” 자기 혼자 있지 못하는 사람, 누군가와 연결되어야 하는 사람. 이런 사람들은 고독하지 않은 사람들입니다. 고독한 사람은 자기를 인정하고, 자기를 바라보는 사람이에요. 싱클레어가 여러 한계에 부딪히고 돌파하고 부딪히고 돌파하는 이 과정은 한쪽으로 치우친 세계에 균열을 내고 이면의 다른 세계와 통합하려는 과정입니다. 다른 말로 하면 고독한 존재로 성장하는 것이지요. 고독한 존재로 성장하면 나를 둘러싼 세계와 내가 일치하게 됩니다. 그러면 어떻게 되나요? 데미안이 에바 대신 싱클레어에게 키스를 합니다. 싱클레어는 절대 고독을 이루어내고요. 그는 다른 어떤 것도 필요로 하지 않는 사람이 됩니다. 자기가 자기 원인이고, 자기 목적이지요. 즉, 내가 내가 되는 것입니다. 이 같은 경지를 신이라고 해요. 그렇다면 『데미안』의 결론은 무엇일까요? “내가 완전한 고독으로 나에게 도달했다. 이제는 내가 나의 원인이고, 내가 나의 목적이다.” 여기에 쓰이지는 않았지만 아마 숨겨진 한 줄이 더 있을 것입니다. ‘그래서 내가 나다. 내가 신이다.’ 우리 인생은 정말 짧습니다. 짧은 인생에서 어떻게 무한을 생산하고 경험할 것인가는 인간이 물어야 하는 굉장히 큰 질문, 그럼에도 한번 덤벼볼 만한 질문입니다. 이 주제를 해결하고 완수하는 그 정점에 있는 문장이 제가 아까 결론

처럼 말씀드렸던 문장입니다. '그래서 내가 나다. 내가 신이다.'
저는 이 문장을 계속 기억하고 숙고하면서 살려고 합니다.

"이제는 한 번이라도
진짜로 살아보고 싶다"

‡

‡

‡

"저마다 삶은 자기 자신을 향해 가는 길이다." 이보다 더 빛나는 문장이 또 있을까? 구도자들은 신을 향해 걷는 방식으로 자신을 향해 걷는 사람들이다. 한 번이라도 진짜로 살아보고 싶은 사람은 모두 고독한 구도자를 닮는다. 구도자들이 보통의 삶을 벗어나 스스로 걸어야 할 궤도를 설계하고 그것을 지키기 위해 몸부림을 치는 것은 그것이 그만큼 쉽지 않기 때문이다. "나는 내 속에서 스스로 솟아나는 것, 바로 그것을 살아보려고 했다. 그것이 왜 그토록 어려웠을까?" 헤르만 헤세도 이것이 얼마나 어려운 일인지를 고백한다. "인간이 자기 자신을 향해 나아가는 일보다 더 하기 싫은 일은 없다!" "자기 자신에게서 멀어진다는 건 큰 잘못"

Hermann Hesse
Demian

임에도, 많은 사람이 그저 하기 싫다는 이유로 자신을 향해 가는 길을 걸으려 하지 않는다. 밖에서 주어지는 것에는 쉽고도 강하게 빠지면서, 자기에게서 솟아나는 것을 따르는 일은 왜 그리 어려워하는가. 여기서 쉽고 어려움의 차이가 도대체 무엇인지 궁금하다.

밖에서 주어지는 것은 이미 정해져 가정이나 사회에서 집단적으로 공유되는 바람직한 것이다. 집단적으로 공유되는 것은 그것을 해석하는 명확한 독법까지도 이미 마련되어 있기 때문에 그대로 적용하기만 하면 된다. 반면에 나에게서만 솟아나는 것은 나에게도 비밀스럽다. 내가 바라는 것을 알려면 숙고하는 수고를 심하게 들여야 한다. 힘든 일은 피하고 힘들지 않은 쪽으로 기우는 이 게으른 인간이란 존재들은 힘들여 자신을 알려고 하지 않고 정해진 것들을 쉽게 받아들이려고만 한다. 데미안의 말은 분명하다. "게으르고 생각하기 싫어하고 스스로 판단하지 못하는 사람들은 그냥 복종해버린다." 인간은 정치와 도덕과 종교가 제공하는 믿음의 집단 최면에 빠져 "그냥 복종해버리면서" 자기를 스스로 내팽개치곤 한다. 내팽개쳐진 자기를 되찾아야 정치와 종교와 도덕도 제자리를 잡는다. 정치와 도덕과 종교는 닫혀 있고 나는 호기심으로 열려 있다. 그 호기심으로 균열을 내고 틈

새를 비집는 일을 우리는 사유라고도 하고 생각이라고도 한다. 한 번이라도 진짜로 살다 가고 싶은 사람은 숙고하는 수고를 기꺼이 감당하며 정해진 것에 틈을 내어 그 사이를 헤치고 나갈 수 있어야 한다.

싱클레어는 데미안을 만나 익숙함과 믿음에 균열이 가면서 자기가 열리는 과정을 "데미안에 의해 눈뜨게 된 사유 세계로의 입문"으로 받아들인다. 생각하는 것은 어렵고, 생각하지 않는 것은 쉽다. 진짜 인간은 세계를 지니는 것에 멈추지 않고 그에 대해 사유하고 생각하여 알려고 한다. "내면에 세계를 지니고만 있는 것과 그것을 알려고 하는 것 사이에는 엄청난 차이가 있다." "스스로 인식하고 있지 않다면 반대로 나무나 돌, 기껏해야 짐승이나 다를 바가 없다." "인식의 희미한 불꽃이 최초로 번쩍 빛나는 순간, 그는 바로 인간이 된다." 무엇인가를 알려고 하는 존재가 인간이다. 알려고 하는 "인식의 희미한 불꽃이" 시작될 때 인간은 자기를 에워싸고 있던 편안하고 안락한 세계에 심한 균열이 가는 것을 경험한다.

싱클레어의 균열은 거짓말로 시작된다. 거짓말은 익숙한 세계 너머 금지된 것을 엿보려는 행동인데 이것은 자기 자신에게로 돌아가기 위한 것이다. 싱클레어는 익숙한 자기를 넘어서고 싶어 했다. "모든 인간은 자기 자신 이상이다." '자기 자신 이상'으로 건너가고자 했던 싱클레어는 우선 고정된 자기를 거짓된 존재로 만들어서 거기에 금을 내 쪼갤 준비를 했다. 거짓말도 어떤 경우에는 자기 자신 이상으로 건너가는 도전의 한 형태일 수 있다. 하지도 않은 도둑질을 했다고 거짓말하면서 싱클레어는 밝고 환하며 기품 있는 세상을 떠나 자기와 전혀 상관없던 어둡고 컴컴한 세상과 마주한다.

새로운 것은 언제나 두려움을 동반한다. 싱클레어는 두려움을 딛고 어둠을 새로운 세계로 받아들였는데, "가족들은 여전히" 밝고 환한 곳에서 멈춰 선 채 싱클레어를 "아이 취급하고 있었다". 이 간극을 계기로 싱클레어는 익숙한 세상의 중심이었던 "아버지의 권위가 최초로 찢긴 자국"을 갖는다. 이것이 "자기 자신이 되려면 반드시 무너뜨려야만 하는 기둥들에 생긴 최초의 균열"이다. 거짓말을 매개로 "다른 세계"로 추락한 싱클레어는 마침내 "죄를 짓고 불행하기 때문에 아버지보다, 선하고 경건한 사람들보다 더 우월한 존재라고 생각했다". 그들이라면 영원히 품을 수 없는 세계를 싱클레어는 경험하고 있기 때문이다.

"게으르고 생각하기 싫어하고 스스로 판단하지 못하는 사람들"을 이탈하여 이제 싱클레어는 그들과 투쟁하는 방황을 시작한다. "새는 알에서 나오려고 투쟁한다. 알은 세계다. 태어나려는 자는 한 세계를 깨뜨려야 한다." 우리는 언제나 한 세계를 깨뜨리면서 "다른 세계"로 진입한다. 태어나기 위해서 한 세계를 깨뜨린 자는 양쪽 세계 사이에서 방황한다. 깨뜨린 세계에서도 완전히 벗어나지 못하고 태어난 세계로도 완전히 진입하지 못한 채 두 세계 사이에 끼어서 우왕좌왕하는 것이다. "다른 세계"에 진입해가는 싱클레어는 가장 먼저 자기 집에서 어머니 아버지가 갑자기 생경해 보이는 풍경을 접한다. 어두운 "다른 세계"와 밝은 익숙한 세계 사이에 끼면 이 생경함의 엄습을 피할 수 없는데 이것은 어떤 방도로도 해석할 수 없어 신비의 꿈결 같기도 하다.

방황은 종종 방탕을 낳기도 하니, "방탕한 생활은 신비주의자가 살기 위한 최상의 준비 활동"이라는 데미안의 말은 그냥 방탕에 빠진 싱클레어를 가볍게 위로하려는 것이 아니다. 오히려 데미안은 싱클레어의 방황에 박수를 보내는 것으로 보인다. 이렇듯 방황과 방탕 속에서도 양쪽 세계를 품어야 하는 것이 두 세계 사이에 낀 자의 사명이요 운명이다. 이 진화를 먼저 해낸 데미안의 모습을 보라. 데미안은 "자신만의 법칙대로 사는 듯 진귀하고 고독하고 조용하게 걷고 있다". "자기 자신을 향해 가는 길"을 걷는 자는 두 세계 사이에 낀 채 혹은 양쪽을 품은 채 고독하다. 투쟁하여 알에서 나온 고독한 "새는 신에게 날아간다. 신의 이름은 아브락사스다". 아브락사스는 "신성과 악마성을 결합하는 역할을 하는 상징적인 신적 존재라고 생각해볼 수 있다".

유有의 세계와 무無의 세계를 동시에 품어야 도道라고 이야기하는 노자는 아브락사스의 중국판이다. 그의 가르침처럼 유와 무를 모두 품은 노자도 "인위적으로 구분된 절반의 세계"만을 가진 자들과 달리 홀로 고독했다. 양쪽의 세계를 품은 신비적 존재는 고독하고 개방적이지만, 절반의 세계에서 편안한 자는 폐쇄적이다. 절반의 세계에 갇혀 폐쇄적인 자는 사랑을 학습하거나 거래할 수는 있어도 그 대상과 나를 진정 일치시킬 수는 없다. 양쪽의 세계를 품은 고독한 자는 나와 다른 사랑의 대상을 기꺼이 끌어안아 자기와 동일시하기에 이른다. 그래서 모든 사랑은 지극히 당연하게도 다 자신에게로 돌아오는 일이다.

베아트리체를 사랑하고 싱클레어가 "이제 홀로 있을 수 있고 독서와 산책을 즐길 수 있다"라고 말한 것은 자기를 향해 걷는 길에서 이제는 문득문득 자기를 만나기도 한다는 뜻이겠다. 사랑은 고독의 경지에 이르러 자기에게 돌아간 자만이 도달할 수 있는 신비한 왕국이다. 사랑은 도덕과 무관하다. 도덕은 서로 다른 세계를 아우르지 못하는 한쪽의 수호자이기 때문이다. 도덕의 칼끝이 조금이라도 겨눠진다면 그것은 죽은 사랑이다. 사랑은 음악을 닮았다. "한 사람이" 자기에게 도달하여 "천국과 지옥을 잡아 흔든다고 느끼게 해주는 그런 음악"을 닮았다.

　신은 고독의 정상에 있다. 정상에 있어야 인위적으로 구분된 절반이 아니라 자연적으로 허용된 양쪽을 다 자기의 세계로 일치시킬 수 있다. 누구든 자기에게 도달하면 신처럼 정상에 선다. "각자를 위한 당연한 천직이란 자기 자신에 도달하는 단 한 가지뿐이다." 나라는 인간으로 완성되기 위해서는 아브락사스를 추종하거나 숭배하는 것이 아니라 자기 스스로 아브락사스가 되어야 한다. 아브락사스는 자기에게 도달한 개방적 존재, 고독과 개방이 일치하는 존재인 것이다.

　"자기 자신에 도달하는 단 한 가지"인 천직을 성실히 수행하면 신의 명령에 따라 순순히 눈을 감고 신의 입맞춤을 받아들이게 된다. 입맞춤 후에 신은 떠나고 자기만 자신으로 남는다. 신은 자기 원인이자 자기 목적이다. 진짜로 살아보려는 자는 자기 자신에게 도달할 수밖에 없다. 자기에게 도달한 자라면 그가 아브락사스, 곧 신이다.

Ernest Hemingway

The Old Man and the Sea

5

어니스트 헤밍웨이
『노인과 바다』

'나'로서
승리하는 삶

84일 동안 고기 한 마리도 잡지 못한 고기잡이 노인의 이야기가 전해진다. 고기잡이는 아니더라도 긴 시간 자신의 삶이 팍팍하고 이룬 것 하나 없다는 느낌에 허탈한 맴을 매일 도는 사람도 있다. 85일째 되는 날 아침, 바다로 나가기 전에 노인은 "오늘은 자신이 있다"라고 중얼거리며 또 배를 탄다. 팍팍하게 지쳐가는 당신, 아침에 집을 나서며 "오늘은 자신이 있다"라고 중얼거릴 수 있는가? "죽을 때까지 싸울 거야"라는 다짐을 자기 고유한 호흡에 새길 수 있는가? 삶은 투쟁이다. 겉으로만 싸우는 투쟁으로는 진짜처럼 살다 가기 어렵다. 겉으로 아무리 깨져도 심장 가까이 파고들어가 그 안의 무엇을 찾아내고 성취하기 위해 치열하게 투쟁해야 한다.

『돈키호테』『어린 왕자』『페스트』『데미안』에 이어 이번은
『노인과 바다』인데요. 선정하신 책들에 어떤 흐름이 있는
것 같습니다.

ǀ『돈키호테』부터 『노인과 바다』까지, 이 책들의 큰 흐름은 '자
기를 지키는 사람들, 자기를 함부로 내버려두지 않는 사람들'
입니다. 모두 끝없이 질문하며 탐험하는 인물들이 책에 등장합
니다. 진짜 나를 발견하기 위해 애쓰는 자들이지요. 이전에 읽
었던 『데미안』에도 이런 대목이 나오잖아요. "모든 삶의 목적은
자기 자신을 향해 걷는 일이다." 『노인과 바다』도 자기를 향해
걸으며 자기를 발견하고 스스로를 지키는 자의 이야기입니다.
소설에 산티아고 할아버지가 이렇게 말하는 대목이 나오는데
요. "자기 자신을 너무 많이 속이면 안 되지." 이 말은 자기를 향

해 가야 한다는 뜻입니다. 산티아고 할아버지가 청새치를 지키기 위해서 상어 떼와 싸우는 것은 돈을 지키기 위해서가 아닙니다. '내가 왜 나인가, 내가 왜 어부인가' 하는 자부심을 지키려는 행위이지요. 『돈키호테』부터 『데미안』까지 이어지는 하나의 큰 흐름도 외적 재산보다 자기 자신을 소중히 생각하는 태도, 생활의 안정보다 희망을 소중하게 여기는 태도를 향하고 있습니다. 이런 큰 흐름이 다섯 번째 책까지 이어지고 있네요.

본격적으로 『노인과 바다』를 이야기해볼 텐데요. 그 전에 헤밍웨이에 관해 간단히 소개해보겠습니다. 헤밍웨이는 1899년에 태어나서 1961년에 세상을 떠난 미국의 소설가로, 1952년에 『노인과 바다』를 출간해 1953년에 퓰리처상을, 1954년에 노벨문학상을 수상했습니다. 『무기여 잘 있거라(1929)』, 『누구를 위하여 종은 울리나(1940)』 등의 작품을 통해 인간의 비극적인 모습을 간결한 문체로 묘사한 20세기 대표 작가입니다.

▎저는 이제까지 다섯 권의 책을 읽으면서 한 가지 느낀 점이 있습니다. 제가 큰 감동을 주는 글을 아직 쓰지 못한 이유는 글재

주뿐만 아니라 삶 자체가 이분들만 못하기 때문이 아닐까 싶습니다. 헤밍웨이도 자기 작품처럼 살다 간 사람이었습니다. 영어로 'full commitment'라고 하지요. 완전한 전념, 작품에 자기의 모든 것을 쏟는 것입니다. 헤밍웨이는 고등학교 때 운동을 하다가 눈을 다칩니다. 눈이 안 좋아서 군대에 갈 수 없는데도 제1차 세계대전에 지원하여 위생부대원으로 프랑스에 갔고, 후에는 이탈리아 전선에서 부상까지 당하였습니다. 『노인과 바다』로 노벨상을 받고 난 다음에는 아프리카 사파리로 향합니다. 비행기 사고를 두 번 겪기도 하고요. 헤밍웨이의 작품들도 피상적인 의식의 한 부분이 아니라 그의 삶 자체를 반영하고 있습니다. 세르반테스, 생텍쥐페리, 카뮈, 헤세, 이 책을 통해 만난 작가들의 삶을 보세요. 자기를 단련하는 치열함이 글로 나타납니다. 얼마나 혹독한 과정을 거쳐 자신에게 나아가고 있는지 그대로 나타나는 것입니다. 저는 헤밍웨이를 보면서 '이분은 글쓰기를 한 것이 아니라 자기를 향해 걸은 사람이다. 자기로 사는 과정이 글로 나타났구나' 하고 느꼈습니다. 중요한 것은 자기가 원하는 삶을 사는 것, 그것뿐이지요.

교수님의 말씀을 들으니, 저는 헤밍웨이처럼 치열하게 살지 못하고 있다는 생각이 들었고, 한편 헤밍웨이의 삶의 치열함이 작품으로 느껴지는 것 같습니다.

❙ 인생은 자기를 드러내고 단련하는 과정이어야 합니다. 그저 열심히 사는 것을 치열하다고 생각할 수 있지만, 진짜 치열한 사람은 자기 자신에게 진실한 사람이지요. 자기가 어디로 향하는지 분명하지도 않은 상태에서 맹목적으로 열심히만 사는 것은 삶에 큰 승리를 가져다주지 않습니다. 저는 지금까지 읽은 책의 작가들을 살펴보면서 저 자신에게 더 진실하고 더 치열해야겠다는 생각을 했습니다. 자기 삶을 살지 않으면 내 안의 진실성이 온전히 드러날 수 없습니다. 수준 높은 삶을 살 수 없지요.

『노인과 바다』를 읽고 많은 사람이 감동을 받습니다. 그런데 저는 어렸을 때 이 소설을 읽고 감동하는 일이 쉽지 않았습니다. 너무 간단한 스토리라고만 생각했지요. 84일 동안 고기를 잡지 못한 노인이 청새치를 잡고 그걸 뜯어 먹으려는 상어들과 싸우다가 청새치를 지키지 못하고 돌아와 사자 꿈을 꾸면서 잠을 잤다. 이게 전부였거든요. '열심히 산 사람이구나' 정도지 어떤 감동이 느껴지지 않더라고요. 그런데 이번에 다시 읽어보니까 감동이 대단했습니다.

헤밍웨이의 소설이 대체로 그렇지만, 『노인과 바다』만 놓고 봐도 그의 문체는 굉장히 무미건조합니다. 이런 스타일을 '하드보일드hard-boiled'라고 하지요. 하드보일드라는 건 계란을 푹 삶은 거예요. 반숙하면 계란이 촉촉하고 부드럽지만 아주 푹 삶아버리면 퍽퍽하잖아요. 푹 삶은 계란처럼 무미건조하게 문장을 쓰는 것이지요. 빙산의 삼사십 퍼센트만 수면 위로 드러내고 육칠십 퍼센트의 밑바닥은 오히려 보여주지 않는 것입니다.

보여줄 수 있는데 일부러 안 보여주었다는 건가요?

❙ 헤밍웨이가 『노인과 바다』의 원고를 여든일곱 번 정도 교정했다고 하는데요. 교정을 하는 동안 그가 자신의 문장을 무미건조하게 만드는 데 시간을 다 쓰지 않았을까 짐작합니다. 이 소설에는 형용사가 적고 사건에 대한 묘사나 감정 묘사가 많지 않아요. 인물들의 행동과 대화, 혼잣말을 짧막하게 기술하거나 묘사합니다. 그럼에도 우리가 이 소설에서 큰 감동을 느낄 수 있는 건 헤밍웨이가 의도적으로 감동을 주겠다고 작정하지 않았기 때문입니다. 그렇기에 독자들이 오히려 자연스럽게 감동

의 여백 속으로 들어가는 것이지요. 모든 것이 설명된 글보다 많은 것이 설명되지 않은 글 속에서 독자들이 스스로 느끼는 감동이 훨씬 크지 않을까요? 『노인과 바다』를 읽으면 문장에서 절제미를 느낄 수 있습니다. 제가 한번은 어떤 시인에게 이렇게 여쭤봤습니다. "어떻게 하면 글을 잘 쓸 수 있습니까?" 그랬더니 그분이 그러시더라고요. "무엇인가를 쓰려는 의지를 가지고 덕지덕지 붙여놓으면 글에 감동이 없다. 무엇을 많이 덧붙여서 채우려고 하지 말고 차라리 빼려고 해봐라. 그러면 글이 좋아진다." 그분의 말씀처럼 빼려고 하면 확실히 글이 담백해지고 독자가 참여할 수 있는 틈이 많아지는 것 같습니다. 저는 이 소설도 이런 이유로 더 큰 감동을 자아낸다고 봅니다. 『노인과 바다』는 스토리가 매우 단조로워요. 이 소설의 70퍼센트 이상이 혼자 조그만 배를 타고 바다에 나가 청새치를 잡는 고기잡이 노인에 대한 묘사입니다. 굉장히 무미건조해 보이는 이 소설이 퓰리처상, 노벨문학상을 받은 것은 그 감동이 매우 폭발적이었다는 것을 의미합니다. 소설의 구성이나 내용이 주는 감동도 있지만 문체도 주의 깊게 볼 필요가 있습니다.

이 책을 읽으면서 유독 감동을 느끼신 부분이 있었나요?

▎소년 마놀린과의 우정입니다.

　　할아버지가 계속 "그 아이가 있었으면 좋았을 텐데"라고
　　말하잖아요.

▎마놀린과 산티아고 할아버지 사이에는 어떻게 유대감이 생겼을까요? 소설에서 벌어지는 일들은 굉장히 평범합니다. 그래서 저는 이 점이 제일 궁금하더라고요. 아이가 할아버지를 좋아하게 된 특별한 이유가 없잖아요. 이 아이는 할아버지가 사람들에게 '살라오', 즉 세상에서 운이 가장 나쁜 사람이라는 평을 듣는데도 그와 다른 배를 탈지언정 계속 우정을 지킵니다. 그리고 산티아고 할아버지가 뼈만 남은 청새치를 끌고 항구로 돌아오자 잠든 그의 두 손을 보고 울기 시작하지요. 그런 뒤 할아버지를 위해 커피를 주문하며 할아버지를 귀찮게 하지 말 것을 당부합니다. 할아버지를 지키고 싶었던 것이지요. 믿음과 신뢰가 있었기 때문입니다. 어부로서의 자신의 정체성을 신뢰한 아이를 할아버지도 믿게 되면서 그들은 서로 믿는 관계가 됐지요. 그런데 마놀린은 산티아고 할아버지를 왜 그렇게 믿었을까요? 소설에는 전혀 설명되어 있지 않지만 저는 그 이유가 산티아고 할

아버지가 주는 매력 때문인 것 같습니다. 산티아고 할아버지는 고기 잡는 일을 자기의 존재 이유이자 자부심으로 생각합니다. 어떻게 보면 사명이지요. 그리스인들은 사람이 진실한 마음으로 자기 사명을 발견하고 그 사명을 긴 시간 동안 수행하면 그에게서 향기가 난다고 합니다. 산티아고 할아버지는 진실한 마음으로 어부로서의 사명을 발견했고 물고기 잡는 일로 그 사명을 완수한 것입니다. 사명을 꾸준히 수행하는 사람에게서는 오직 자신만이 지닌 향기가 나는데 아이는 그 향기에 취한 것이지요. 할아버지가 배를 타기 전 바에 갔을 때 그를 놀리는 사람이 많았고 칭찬하는 사람도 있었어요. 거기서 산티아고 할아버지는 어땠나요? 무심했지요. 흔들리지 않았어요. 자기에게 오직 자기만 존재하기 때문에 산티아고 할아버지에게는 향기가 날 수밖에 없는 거예요. 그리고 마침 마놀린이 그 향기를 받아들일 준비가 된 아이였기 때문에 두 인물 간에 믿음이 형성될 수 있었다고 봅니다.

85일 동안 고기를 한 마리도 못 잡은 게 산티아고 할아버지에게는 아무런 영향도 주지 못하는군요?

▌87일 동안 한 마리도 잡지 못했던 기억도 있어요. 고기를 못 잡은 지 40일째에 마놀린의 부모가 아이를 다른 데로 보내버렸 잖아요. 그래도 산티아고 할아버지는 계속 바다로 나갑니다. 심지어는 청새치를 잡고 그 고단한 어로작업을 끝내고 나서도, 상어와 투쟁하고 나서도, 그리고 지쳐 잠들고 나서도 다시 나 갈 준비를 하지요. 산티아고 할아버지는 신세타령도 한 번 하지 않습니다. 자기가 수행해야 할 과업 앞에서 성숙한 인간이 보 여주는 매우 신성한 태도지요. 무거운 짐을 준비해놓고 그걸 끌 고 올라가야 하는 사람이, 부인도 일찍 세상을 뜬 그 노인이 신 세타령 한마디가 없어요. 오롯한 자기로 존재하는 사람은 모든 질문이 자기에게 집중되기 때문에 신세타령이 나올 수가 없는 것이지요. 산티아고 할아버지는 집으로 돌아가는 길에 다섯 번 이나 쉬어야 할 만큼 지쳐 있지만 그 어떤 불만족, 서운함, 좌절 감도 표현하지 않습니다. 그저 묵묵히 자기의 길을 가는 그를 보면서 저는 굉장히 크고 장엄한 산을 보는 것 같았습니다.

낚시하는 사람들은 낚시를 다녀오면 놓친 고기에 대해 계 속 이야기합니다. 저는 노인이 잡은 청새치가 700킬로그 램인데 상어가 뜯어 먹었어도 100킬로그램 정도 남았을

Ernest Hemingway
The Old Man and the Sea

때 배 위로 끌어올릴 수 있지 않았을까 싶어서 너무 안타까웠는데, 교수님의 말씀을 들어보니 이 노인에게 그것은 중요한 게 아니었군요.

┃어느 순간 자신의 행위가 자부심을 지키느냐 아니냐, 자존감을 지키느냐 아니냐로 발전해버린 겁니다. 거기서 100킬로그램이라도 건지려고 했다면 얼마나 초라해 보였겠어요. 그 자체로 존재 이유였던 고기잡이 일이 자존감이 되고 자부심이 된 것이지요. 자존감과 자부심이 없는 사람들은 쉽게 부패합니다. 일시적인 이익을 원하는 사람들이 여러 가지 핑계를 대며 뇌물을 받는 것처럼요. 그렇지만 자존감과 자부심을 중요시하는 사람은 돈 몇 푼에 그것들을 팔지 않습니다. 사실 이것이 소설에서 말하는 가장 큰 주제인 것 같아요.

제가 3년 전쯤 영화 〈노인과 바다〉를 찍었다는 요나구니라는 섬에 갔습니다. 그때 80킬로그램짜리 물고기를 잡았는데요. 저는 80킬로그램짜리를 잡으면서 30분을 매달려 있었습니다. 그 물고기를 잡아 올리고 난 다음에 3일 동안 양손을 오므리지 못했어요. 그런데 노인이 잡은 청새치는

700킬로그램이 넘고 도저히 손으로는 안 되니까 낚싯줄을 허리에 맸다고 하잖아요. 700킬로그램이 당기는 힘이면 배가 충분히 딸려 가고도 남습니다.

▎현대 장비로 80킬로그램짜리 물고기를 잡고도 3일 동안 손을 오므리지 못했다고 하는데 산티아고 할아버지의 노고는 정말 어마어마한 것이었겠지요. 소설 속에 이런 말이 나옵니다. "매일매일은 새로운 날이지. 운이 따른다면 더 좋겠지만 나는 오히려 정확하게 할 테다." 어떤 책에는 "우선은 지금 하려는 일에 집중하겠어"라고 번역되어 있어요. 기회를 잡으려면 그 기회를 잡을 능력이 준비되어 있어야 한다는 말입니다. 그러려면 딱 한 가지밖에 없어요. 하루하루 새로운 날인 것처럼 지금 하는 일에 집중해야 해요.

책을 읽다 보면 산티아고 할아버지에게 감정이입을 하게 되잖아요. 80여 일 동안 고기도 못 잡고 아이가 미끼를 잡아다 주는 그런 모습들이 궁색해 보였는데, 이 문장을 보니 노인의 마음은 그렇지 않았네요.

노인은 하루하루를 새롭고 정확하게 준비했고, 아이는 이런 모습을 보면서 할아버지의 성실함에 압도된 것이지요. 돛은 여기저기 포대자루 조각으로 기워져 있고 배, 사람, 모든 게 낡았어요. 그런데 낡지 않은 게 하나 있습니다. 바로 눈빛이에요. 눈빛이 살아 있다는 것은 의지가 살아 있다는 것입니다. 할아버지는 팔십오 일째 바다로 나가면서 "85는 행운의 숫자지", 85일째 못 잡으면 "86은 행운의 숫자지", 86일째도 못 잡으면 "87은 행운의 숫자지" 하고 진심으로 말하기도 합니다. 이것은 기도와 같습니다. 이렇게 하면 행운이 온다고 믿는 거예요. 하루하루 새로운 날처럼 철저히 준비하면 그런 날이 온다는 희망이지요. 청새치를 잡은 할아버지가 지닌 힘은 의지와 희망, 그리고 그 희망을 이루려는 집중력입니다. 배에서 청새치를 잡을 때 보세요. 제한된 자원을 알뜰하게 사용하면서 얼마나 집중하는지 느낄 수 있어요. 산티아고 할아버지의 이러한 준비성은 타인에게 믿음을 줄 정도의 자기단련과 연결됩니다. 청새치를 잡은 미끼를 누가 주었나요? 마놀린이 준 것입니다. 할아버지는 아이가 준 미끼를 낚싯대의 제일 긴 두 줄에 매달았어요. 헤밍웨이의 의도가 드러나는 장면이라고 봅니다. 타인에게 믿음을 줄 정도의 자기단련이 된 사람과 그 단련을 알아채는 사람, 이들이 함께 추구하는 꿈과 유대를 보여주는 것이지요. "마놀린이 내 옆에 있다면 얼마나 좋을까." 여기에는 아이가 없어서 서운하고 부족하다는 느낌이 전혀 없습니다. 순수하게 아이와 함께하고 싶은 마음뿐이지요. 아이가 함께하지 못해도 노인은 혼자 배를 타고 갑니다. 자기가 얼마나 늙었는지도 알아요. 하지만 혼자서 모든 문제를 해결하지요. 환경과 조건, 어떤 것도 탓하지 않습니다. 다만 이 승리를 아이에게 보여주고 싶고 함께하고 싶은 마음인 것이지요. 『데미안』을 읽고서도 생각했지만, 자기 자신을 향해서 걷는 사람은 구도자를 닮았습니다. 구도자는 신을 향해 가는 사람 같지만 사실은 자기를 향해서 가는 사람이지요. 모든 구도자는 고독해요. 그리고 자기를 향해 죽어라 걷습니다. 저는 산티아고 할아버지에게서도 이 모습을 봤어요.

공자는 이렇게 말했어요. "덕불고필유린德不孤必有隣." '덕은 절대 외롭지 않다. 네 덕이 높고 진실하게 갖춰져 있으면 반드시 함께하려는 자가 생긴다.' 바로 마놀린이 할아버지에게 그런 존재입니다. 산티아고 할아버지는 운이 없다는 '살라오'이지만 운이 찾아올 때를 위해서 철저히 준비한 사람이에요. 우리는 할아버지가 청새치를 잡은 일보다 청새치를 잡을 때까지 자기에게 진실했던 과정에 더 주목해야 합니다.

우리는 힘들어도 어떻게든 버티자고 하잖아요. 하지만 버티기만 할 것이 아니라 하루하루 새롭게 희망을 가지고 준비해야겠네요.

▌산티아고 할아버지가 매일매일을 새로운 날처럼 준비한 것은 자기를 아끼고 소중하게 생각하기 때문이지요. 할아버지가 끝자리가 85인 복권 한 장을 사두면 어떻겠냐고 물으니까 마놀린이 돈을 빌려 복권을 사겠다고 하잖아요. 이때 할아버지가 이렇게 대답합니다. "나도 빌릴 수 있지. 그러나 나는 빌리지 않아. 사람들이 처음에는 빌리지. 나중에는 구걸하게 돼." 저는 가끔 '신은 빌려 쓰는 자가 아니다. 자기가 만들어 쓰는 자다'라는 말을 하는데요. 제우스가 누구에게 무엇을 빌리나요? 그렇지 않지요. 자기가 만들어 씁니다. 우리에게 가장 큰 문제는 정해진 관념이나 다른 사람들이 이미 했던 생각에 갇히는 것입니다. 그것은 자기 생각이 아니에요. 그렇게 다른 사람의 생각을 빌려 쓰고 그것을 자기 생각으로 착각해요. 왜 생각마저도 다른 사람에게 빌릴까요? 그것은 자기가 자기로 존재하지 않기 때문입니다. 자기가 자기로 존재하는 사람들은 반드시 사유하게 되어 있습니다. 질문을 하게 되어 있지요. 다시 말해서 자기가 자

기로 존재하는 사람, 자기를 소중하게 생각하는 사람은 빌려 쓰지 않습니다. 자기가 만들어 쓰려고 해요. 산티아고 할아버지는 어떤 것도 빌리지 않습니다. 아이가 무엇을 가져다주기도 하지만 그것은 빌린 게 아닙니다. 도움을 받은 거지요. 둘은 이미 믿음을 바탕으로 도움을 주고받는 사이가 되었지요. 산티아고 할아버지의 '처음에는 빌리지. 나중에는 구걸하게 돼'라는 말은 '생각도 처음에는 빌리지. 나중에는 종속하게 돼'라고 바꿔 쓸 수 있겠네요.

소설에서 바다와 청새치, 상어, 그리고 사자 꿈이 나옵니다. 저는 그중 산티아고 할아버지의 사자 꿈이 인상적이었는데요.

▎산티아고 할아버지에게서 찾을 수 있는 여러 가지 덕목이 있잖아요. 그중에는 희망에 대한 의지와 낙관도 있습니다. 노인이 편히 잠들 때에는 사자 꿈을 꾸는데 이때 사자는 희망을 상징합니다. 왜 사자일까요? 니체가 제시한 인간 정신발달 단계를 보면, 처음에는 낙타였다가 그다음에는 사자로 발전해서 마지막에는 어린이가 되거든요. 낙타는 당위를 가리킵니다. 규범이 시

Ernest Hemingway
The Old Man and the Sea

키는 대로 마땅히 해야 할 일을 하고 다른 사람의 생각을 자기 생각으로 받아들입니다. 반면에 사자는 의지를 가리킵니다. 자기를 표현하는 단계지요. 사자는 희망의 상징으로, 자기의 고유성과 독립성을 잃지 않겠다는 노인의 의지를 보여줍니다. 청새치를 잡고 집으로 돌아와 잠자는 모습은 마치 어린이처럼 보이고요. 인간이 자기 사명에 긴 시간 몰두하면서 성숙해가는 과정을 이 소설에서 볼 수 있는 것이지요.

교수님이 『노인과 바다』에서 뽑으신 한 문장은 무엇인가요?

▎많은 사람이 좋아하는 문장입니다. "인간은 파멸destroy당할 수는 있을지언정 패배defeat하지는 않는다." 산티아고 할아버지가 상어들한테 청새치를 다 빼앗겼잖아요. 살점을 다 뜯기고 손해를 봤어요. 파멸당한 겁니다. 그러나 그는 여기서 자기의 어부로서의 자부심과 존엄성을 확인했어요. 패배한 게 아니지요. 산티아고 할아버지는 승리자가 된 겁니다. 목표가 아닌 목적을 달성한 진짜 인간이요. 예를 들면 이런 거예요. 대학에 들어가는 것이 목적인지 아니면 자기 자신으로서 완성되는 것이 목적인지를 생각해보면, 대학에 들어가는 것은 목적이 아니라 목

표입니다. 자기 자신으로서 완성되는 게 목적이지요. 목적 없이 목표만 있으면 대학에 합격하고 나서는 방향성을 잃게 됩니다. 국회의원 재선과 국가에 봉사하는 것 중 무엇이 더 중요한지 따져보면 전자는 목표이고 후자는 목적입니다. 저는 『노인과 바다』의 산티아고 할아버지가 우리에게 '손해 보지 않는 삶을 살 것인가, 승리하는 삶을 살 것인가?'라는 질문을 던지고 있다고 봅니다. 산티아고 할아버지는 패배하지 않는 쪽을 선택합니다. 설령 그것이 파멸이고 손해 보는 길이라고 해도 나로 승리하는 삶을 살겠다는 것입니다.

나라는 한 인간으로서 계속 자기를 위해서 살 수 있어야 한다는 거잖아요. 그렇게 사는 사람이라면 그에게서 향기가 느껴질 텐데, 저는 아직 그런 향기를 맡아본 적이 없는 것 같습니다.

┃ 저는 질문을 이렇게 해보려고 합니다. '나는 그런 향기를 맡아본 적이 있는가?'가 아니라 '나에게는 그런 향기가 나는가?'라고 말입니다. 각계각층에 있는 사람들이 손해 보지 않는 삶보다 패배하지 않고 승리하는 삶을 위해 노력하면 사회는 진화합니다.

고기를 잡지 못한 지 85일째 되던 날, 산티아고 할아버지는 드디어 큰 청새치를 만납니다. '인간은 작은 승리에 만족하도록 태어나지 않았어. 이걸 알아야 해. 인간은 큰 승리를 하도록 태어났어. 작은 승리에 만족하지 마. 그 작은 승리가 너를 망가뜨릴 수 있어. 큰 승리를 얻어야 해'라고 산티아고 할아버지가 말하는 것 같습니다. 할아버지는 자신을 믿는 마놀린이 준 미끼를 제일 깊은 곳에 던지고 결국 큰 승리를 거둡니다.

만약 아직 자기 자신을 찾지 못했다면 어떻게 해야 할까요?

l 그것이 가장 큰 숙제이고 제일 어려운 일인 것 같습니다. 대학에서 학생들이 여러 가지 문제로 방황하는 모습을 많이 봤는데요. 상담하고 돌아갈 때 대개 이렇게 말합니다. "교수님, 감사합니다. 열심히 하겠습니다. 최선을 다하겠습니다." 그런데 정말로 자기가 걷고 싶은 길을 찾은 사람은 열심히 해야겠다는 결심이 필요하지 않습니다. 열심히 해야겠다는 결심은 지금 걷고 있는 그 길이 온전히 자기의 길이라는 확신이 없을 때 하게 되는 것이지요. 『노인과 바다』에는 산티아고 할아버지가 '나는 좀더 성실해야 해. 열심히 해야 해. 게으르면 안 돼' 하며 다짐하

는 모습이 어디에도 보이지 않습니다. 왜 그럴까요? 어부라는 직업이 곧 자기 자신이기 때문입니다. 누가 말려도 가는 길이지요. 외로워도 가는 길, 늙어도 가는 길, 큰 상어들과 전투를 치르고 난 후에도 가야 할 길입니다. 열심히 해야겠다고 결심하는 사람들은 그 전투와 여정에서 많이 흔들립니다. 그리고 신세타령을 시작하지요. 더러는 울기도 하고요. 하지만 산티아고 할아버지는 상어와 싸우고도 자기만족에 어린아이같이 평화롭습니다. 많은 사람이 무엇을 할 때 열심히 하겠다고 결심하는데요, 그 말을 하는 사람은 자기가 걷는 길에 자기 자신이 없을 가능성이 있습니다. 자기 자신을 알려면 몇 가지 질문이 있어야 합니다.

나는 누구인가?

나는 무엇을 원하는가?

나는 어떤 사람이 되고 싶은가?

나는 이 짧은 인생을 어떻게 살다 가고 싶은가?

내가 죽기 전까지 해내야 할 사명은 무엇인가?

이러한 질문들을 매우 절박하고 적극적으로 제기해 자기만의 길을 발견해야 합니다. 그런데 우리는 길을 찾을 때 다른 사람에게 좋아 보이는 것, 부모님이나 사회가 좋다고 하는 것을 좇으려고 해요. 물론 이것이 자기가 좋아하는 것과 일치할 수 있지만 그렇지 않을 수도 있습니다. 그래서 무엇보다 자기 자신에 대한 질문을 집중적으로 던지는 단계를 반드시 통과해야 합니다. 사람이 '열심히'라는 마음을 갖지 않을 수는 없습니다. 저도 '이것이 내 일이구나'라고 자각하기 전까지는 열심히 해야겠다는 각오를 많이 했습니다. 그런데 내 길이 나를 완성시키는 중요한 길이라는 것을 알고 나니까 열심히 해야겠다는 생각을 하지 않아도 진심을 다하게 되었습니다.

오로지 나에게 집중하면 외롭지 않을까요? 산티아고 할아버지는 너무 외로워 보이더라고요.

| 사람은 외로워야 합니다. 고독해야 해요. 외로움을 두려워하면 안 되고 오히려 외로우려고 노력해야 해요. 다른 사람의 시선을 받고 싶고 격려와 위로를 빌리고 싶은 이런 외로움은 매우 피동적입니다. 외로움을 두려워하는 사람은 큰 승리를 할 수 없어요. 외로움이 그렇게 무섭고 힘든가요? 자기가 분명하면 외롭더라도 그 외로움이 두렵지 않을 것 같습니다. 많은 사람이

어디선가 힐링을 구하잖아요. 어떤 사람들은 힐링을 제공하기도 하고요. 그런데 우리는 왜 힐링을 주는 사람이 되려고는 하지 않으면서 힐링을 구하려고만 할까요? 위로를 해주는 사람이 되려는 포부는 갖지 않고 왜 위로를 받으려고만 할까요? 산티아고 할아버지보다 더 외로운 사람이 어디 있을까 싶을 정도로 그는 외롭습니다. 그런데 산티아고 할아버지는 이 소설 어디에서도 외로움을 토로하지 않습니다. 그는 자기가 가는 길에 확신이 있기 때문에 피동적인 외로움에 흔들리지 않는 거예요.

저는 감정이 메마른 사람이 아닐까 싶을 정도로 눈물이 없고 잘 슬퍼하지 않습니다. 그런데 『노인과 바다』의 마지막 장을 읽으면서 눈물이 날 뻔했어요. "길 위쪽 그의 오두막 안에서 노인은 다시 잠들어 있었다. 그는 여전히 얼굴을 대고 자고 있었고, 소년이 옆에서 그를 지켜보며 앉아 있었다. 노인은 사자 꿈을 꾸는 중이었다." 한 인간이 자기 길을 걸으며 승리한 후 또 다른 희망을 품고 곤히 잠든 모습이 너무 감동적이더라고요. 저는 오늘 돌아가서 사자 꿈을 꾸며 잠들겠습니다. 여러분도 사자 꿈을 꾸며 잠드시기 바랍니다.

"파멸할 수는 있어도
패배하지는 않는다"

‡

‡

‡

평생 한 가지 일에 자기를 모두 바치며 살아온 사람들의 말에서는 구도자의 기품이 느껴진다. 진실하게 자기를 모두 바치면 구도자가 된다. 어부 산티아고 할아버지의 출렁이는 바다와 헤밍웨이의 원고지 사이는 부부처럼 가깝다. 헤밍웨이는 원고지를 바다 삼아 낚시하고, 산티아고 할아버지는 바다를 원고지 삼아 자신의 이야기를 들려준다. "물고기가 물고기로 태어난 것처럼 나도 어부로 태어났을 뿐이야." 자기를 향해 진실하게 오래 걸어온 그는 투쟁 대상인 물고기도 자기 자신의 길을 간다는 동질감을 느끼고 그와의 경계를 과감하게 허물어버린다.

세상의 이치는 어부도 물고기도 자신이 해야 하는 일을 하며 진실하게 살아갈 수밖에 없다는 것이다. 그래서 우리는 "자기를 속여선 안 된다". 자기에게 진실하면 누군가를 필요로 하며 외로워하지 않아도 된다. 오랜 시간 고기를 잡지 못하던 산티아고 할아버지가 거대한 청새치를 잡아 항구로 돌아가는 길에 상어 떼들이 그의 업적에 손상을 내려고 달려들자 그는 그들과 싸워 물리친다. 자신이 해야 할 일을 다하는 것이다.

"노인은 뱃전 너머로 몸을 기울여 상어가 물어뜯은 그 자리에서 물고기의 살점을 한 점 떼어내었다. 그리고는 그걸 입에 넣고 씹으며 고기의 질과 좋은 맛을 음미했다." 결국 이렇게 그는 세계와의 온전한 합일을 이뤄낸다. 자기를 향해 진실하게 오래 걸으면 언젠가는 정치적이거나 도덕적인 담장들을 밀쳐 넘어뜨릴 수 있게 된다. 이것은 자신의 길을 가는 인간이 이룰 수 있는 품위의 한 형태다. 노인은 물고기 잡는 실력을 넘어 고단한 노동으로 단련해낸 기품을 지닌 한 인간으로 홀로 서 있다.

보통의 어부가 84일 동안 한 마리의 물고기도 잡지 못한다면 우선 스스로에게 망신이다. 그러나 산티아고 할아버지는 조건과 환경을 탓하지 않듯이 자기도 탓하지 않는다. 몇 번이나 체면을 구긴 경험을 뒤로하고 마침내 자기의 공㎞을 크게 세운 사람을 만나면,

그 공을 이루게 한 가장 근본적인 힘이 무엇인지 알고 싶어진다.

산티아고 할아버지에게는 그것이 무엇일까? 나는 한 문장을 발견했다. "내일은 멋진 날이 되겠구나." 인생을 아는 사람은 스스로에게 주문을 건다. 이런 자들은 묵묵히 자기를 향해 걷는 자들이면서, 자기를 책망하는 대신에 모든 사람이 떠나가더라도 끝까지 혼자 남아 자기를 사랑하고 지킨다. 이들의 주문은 효험이 있다. 자기를 비루하게 여기고 쉽게 지치는 사람은 물고기를 못 잡은 지 85일째가 되던 날 바다로 나가면서 "85는 행운의 숫자이지"라고 말하는 산티아고 할아버지의 낙관적인 내공 앞에서 부끄러움을 감추기 어렵다. 희망을 잃지 않으면 어디에나 자기를 위해 마련된 높은 자리가 있다.

이런 낙관적인 자세는 자기를 믿는 자만 가질 수 있다. 이런 사람은 주변을 탓하지 않는다. 물고기를 한 마리도 잡지 못하던 팔십사 일을 포함해서 사자 꿈을 꾸며 곤한 잠에 빠지기까지 나는 산티아고 할아버지가 남이나 환경을 탓하는 불평 한마디를 들어본 적이 없다.

탓하지 않는 자는 빌리지도 않는다. "처음에는 빌리지. 나중에는 구걸하게 돼." 나는 제우스가 무엇을 빌려 썼다는 이야기를 듣지 못했다. 이 노인네에게서 오히려 존재의 당당함이 더욱 빛난다. "그에 관한 모든 것은 눈을 제외하곤 전부 노쇠했는데 두 눈은 바다 색깔을 띠고 기운찼으며 패배를 모르는 듯했다." 나는 이런 눈빛을 가졌는가. 나는 이런 눈빛을 가지려고 단련을 하는가.

이런 눈빛을 가지고 당당하게 존재하는 자들에게서는 향기가 난다. 공자도 "자신에게 진실한 사람은 외롭지 않다. 반드시 동조자가 있다德不孤, 必有隣"라고 말하면서 그 향기에 취해 궁극의 신뢰를 보여주는 사람의 출현을 확신한다. 산티아고 할아버지에게는 마놀린이 바로 그랬다.

"우리는 믿음을 가지고 있지. 그렇지 않니?" 이런 말을 할 수 있는 인간은 무게중심이 낮게 자리해 흔들림이 없다. 아마도 '지금 여기'를 버리고 먼 곳의 결말에만 희망을 걸지는 않을 것이다. 나를 소홀히 하면서까지 우리에 집중하지 않을 것이다. 공을 잘 치려면, 공이 맞는 여기의 순간에 집중해야지 공이 도달할 먼 저기를 미리 보려고 하면 안 된다. "매일매일은 새로운 날이지. 운이 따른다면 더 좋겠지만. 우선은 지금 하려는 일에 집중하겠어. 그러면 운이 찾아 왔을 때 준비가 되어 있을 테니." 운은 자기에게 진실한 사람에게만 오는 선물이다.

또한 85일 만에 청새치를 잡은 산티아고 할아버지의 행운은 신뢰의 결과이기도 하다. 마놀린은 "믿음이 깊지 않은" 제 아버지보다도 서로 믿는 사이인 산티아고 할아버지에게 존재의 많은 부분을 열어주었다. 바다로 나가는 산티아고 할아버지에게 소년은 "두 마리의 신선한 작은 참치 또는 날개다랑어를 주었는데, 할아버지는 그것들을 가장 깊은 곳의 낚싯줄 두 개에 추처럼 매달았다". 할아버지의 자부심을 드러나게 해준 680킬로그램도 넘을 거대한 청새치는 바로 이 소년이 준 미끼를 물었다. 신뢰는 항상 빛나는 결과를 안긴다.

"자네 스스로에게나 당당하고 확신을 갖는 게 낫지 않겠나." 스스로에게 당당한 자! 이보다 더 높은 사람이 또 있을까? 집단이 공유하는 이념이나 믿음으로 당당한 것이 아니라 자기에게 당당한 자라니! 다른 사람의 인정에 좌우되지 않고 자기에게 떳떳한 자다. 어부로 살면서도 그는 "단지 생존을 위해 그리고 먹거리로 팔기 위해 물고기를 죽였던 건 아니었다". 그는 "자부심을 위해 물고기를 죽였다. 그는 어부이기 때문이다". 그는 어떻게 스스로 존재해야 하는지에 더 관심이 많은 자다.

상어 떼와의 목숨을 건 싸움도 자기가 잡은 청새치를 하나의 전리품으로서 지키기 위함이 아니었다. 이유는 단 하나, 그는 어부로서의 자부심을 지켜야 했을 뿐이다. 청새치를 지키는 데 실패하더라도 그는 자기가 어부로서 어떻게 존재해야 하는지를 잘 알고 있었다. 소유의 길이 아니라 존재의 길을 가는 자들은 언제나 자기에게 당당하다. 산티아고 할아버지는 자신만의 향기를 내뿜으며 말한다. "인간은 파멸할 수는 있어도 패배하지는 않는다." 청새치가 다 뜯겨 나가고 뼈만 남는 한이 있더라도, 더 나아가 청새치를 지키다가 상어에 물려 죽는 한이 있더라도, 어부로서의 자부심만은 잃지 않겠다는 자세다. 이는 작은 이익들에 휘둘리는 삶이 아니라 자부심과 존엄을 지키는 삶을 살겠다는 인간 선언이다.

대학에 떨어지더라도 부정행위는 하지 않겠다는 학생, 지지율이 떨어지더라도 비리를 저지르지는 않겠다는 정치인, 가난하더라도 당당함은 잃지 않겠다는 가장, 시청률이 떨어지더라도 거짓과 편향은 피하겠다는 방송국, 뜻대로 하지 못하는 불편함이 있더라도 독재의 길은 가지 않겠다는 대통령, 혁명의 깃발을 꽂을 자리가 보이지 않더라도 완장을 두르지는 않겠다는 혁명가, 이익이 줄더라도 노동자를 착취하지는 않겠다는 기업인, 임금이 줄더라도 기업을 어려움에 빠지게 하지는 않겠다는 노동자, 승진이 안 되더라도 표절은 하지 않겠다는 교수.

이들은 모두 "파멸할지언정 패배하지는 않는" 사람들, 산티아고 할아버지처럼 자부심을 지키는 사람들이다. 망망대해에서 고기 한 마리 낚을 수 없을 때 허망하듯이, 세상이라는 바다에서 이런 이들을 낚지 못한다면 허망하지 않을 수 없다. 더군다나 자기에게서도 소유의 욕망을 억누를 존재의 힘이 느껴지지 않는다면 살 이유를 어디서 찾겠는가. 스스로 목숨을 끊은 헤밍웨이가 이해되는 바다 같은 밤이다.

나는, 존재의 각성으로 수고롭던 나는, "너무 멀리 나갔던 것뿐이야"라고 말하는 산티아고 할아버지의 음성을 들으며 정체불명의 눈물을 떨군다. 그리고 마지막 그 문단을 오랫동안 떠나지 못했다. "길 위쪽 그의 오두막 안에서 노인은 다시 잠들어 있었다. 그는 여전히 얼굴을 대고 자고 있었고, 소년이 옆에서 그를 지켜보며 앉아 있었다. 노인은 사자 꿈을 꾸는 중이었다."

George Orwell
Animal Farm

6

조지 오웰
『동물농장』

모든 존재는
'스스로' 무너진다

농장에서는 동물들이 인간의 독재에 시달리며 살고 있었다. 늙은 수퇘지 한 마리가 인간의 야비함을 지적하며 혁명을 호소하자 동물들은 분노에 휩싸여 혁명을 일으키고 인간들을 축출한다. 동물들은 '동물주의'를 내세우며 평등한 이상 사회를 건설하려고 하지만, 읽고 쓸 줄 안다는 이유로 돼지들이 권력을 잡고 스스로 세운 규칙마저도 지키지 않는 특권층이 되자, 동물주의 사회는 결국 독재 사회로 전락한다. 독재로의 변질을 막기에 다른 동물들은 더없이 무지하였고 지도자에게 너무 쉽게 현혹되었다. 인간의 독재를 타도하고 평등한 이상사회를 건설하려던 동물들의 혁명은 돼지들의 선민의식과 다른 동물들의 무지로 인해 인간이 지배할 때보다도 더 심한 억압과 착취가 자행되는 독재로 퇴보하였다.

여섯 번째 책입니다. 『노인과 바다』까지 다섯 권의 책들은 나를 섬기는 주인공들의 이야기로 결이 비슷했는데, 갑자기 결이 확 달라진 느낌이에요. 이전 책들과 『동물농장』은 어떻게 연결될 수 있는지 궁금합니다.

┃ 인식을 넓혀서 바라보면 지금까지 읽은 책들과 『동물농장』의 결이 크게 다르지 않음을 알 수 있습니다. 예를 들어, 철학자인 제가 가끔 정치적인 글을 쓰면 어떤 분들이 철학이나 열심히 하지 왜 정치적인 글을 쓰냐고 하시거든요. 사실 철학과 정치는 우리 인간이 물을 수밖에 없는 질문의 결과라는 점에서 본질적으로 같은 영역에 있습니다. 우리가 이전에 읽은 책들을 관통하는 주제는, 어떻게 자기를 섬겨 위대해지는가입니다. 자기를 섬기는 사람들이 정치적 행위를 할 때 그들의 정치는 매우 건강합

George Orwell
Animal Farm

니다. 그런데 자기를 섬기는 데에 실패한 사람들이 하는 정치는 혼란스러워요. 즉 자기를 섬기는 것이 정치에 있어서도 근본이 된다는 뜻입니다.

'왜 혁명에 성공하지 못하는가?'라는 물음에 대한 하나의 대답은, 혁명을 일으킨 자들이 스스로 혁명하지 않은 채 혁명을 하려 했기 때문이라는 것입니다. 스스로 혁명한다는 말은 스스로를 섬긴다는 의미입니다. 스스로를 혁명하지 못한 사람이 혁명을 시도하면 그 혁명은 성공할 수 없어요. 『동물농장』은 스스로 혁명하지 않은 자들, 자기를 섬기지 않은 자들이 벌이는 우스꽝스럽고 한심한 이야기입니다.

본격적으로 『동물농장』에 관해 이야기를 나누기 전에 작가 소개를 해보겠습니다. 조지 오웰은 영국의 소설가로 1903년에 태어나서 1950년 47세에 세상을 떠났습니다. 조지 오웰은 필명이고, 본명은 에릭 아서 블레어입니다. 이튼 칼리지를 졸업했는데 학교에 다니면서 상류층과 차별 대우를 받았다고 합니다. 이튼 칼리지는 명문 학교여서 보통 졸업하면 대학에 가고 좋은 직업을 얻는데, 조지 오웰은 대학 진학을 포기하고 1922년에 경찰에 지원합니다.

그는 경찰로 근무했던 미얀마에서 영국 제국주의의 부조리를 목격하고, 영국으로 돌아온 후 1927년에 경찰을 그만두고 본격적으로 글을 쓰기 시작합니다. 1933년에 출간한 르포르타주 『파리와 런던의 밑바닥 생활』을 쓰기 위해 런던에서 실제로 밑바닥 생활을 하기도 했습니다. 이때부터 조지 오웰이란 필명으로 작품을 쓰며 1934년에 『버마 시절』, 1937년에 『위건 부두로 가는 길』을 발표합니다. 조지 오웰은 왜소하고 몸도 약해 병치레가 잦았는데요. 그럼에도 1936년 12월에 스페인 내전에 참전합니다. 조지 오웰은 행동가라는 평가를 받는 소설가이기도 합니다. 1938년에는 『카탈루냐 찬가』를 쓰고, 1941년에는 영국 BBC에 입사해서 2년 동안 라디오 프로그램을 제작하기도 합니다. 그리고 1943년부터 『동물농장』을 집필하기 시작해서 1945년에 책이 나오자마자 세계적인 작가로 주목을 받습니다. 조지 오웰은 1949년에 가장 유명한 작품인 『1984』를 완성하고, 그다음 해인 1950년에 결핵으로 세상을 떠납니다. 그는 소설에서 당대의 문제였던 계급의식을 풍자함으로써 작가로서의 정치적 글쓰기를 보여주었습니다.

이제 『동물농장』에 대해 이야기해볼까요? 『동물농장』 하면 역시 정치 이야기를 하지 않을 수 없습니다. 정치란 무엇입니까?

| 정치는 이 세계의 문제를 해결하는 하나의 방식입니다. 정치가 생기기 전에는 세계의 문제를 신이 결정했습니다. 그러나 신이 이 세계의 문제를 모두 해결할 수 없다는 인식에 이르자 인간은 자신의 문제를 직접 해결하겠다고 나섰습니다. 정치와 철학은 이렇게 생겨났고 신의 권위는 약해질 수밖에 없었지요. 이렇듯 정치와 철학은 역사적 책임을 안게 된 인간이 스스로의 의사를 표현하는 방식입니다. 신이 모든 것을 결정할 때 인간은 신에게 복종하기만 하면 됐지요. 그런데 정치가 태동하고 인간이 자신의 문제를 직접 해결하면서 말하기는 매우 중요해졌습니다. 그리스에서는 말을 잘하는 사람을 '레토Rhetor'라고 했는데요. 그들은 웅변가이자 정치가였습니다. 그리고 그들이 자신의 주장을 효과적으로 관철하기 위해 사용하는 고도의 수사법을 '레토릭Rhetoric'이라고 합니다. 인간이 폭력을 쓰지 않고 말하기를 통해 세계의 문제를 해결하면서 고안된 장치이지요. 철학은 개념으로 하는 것이지만 정치의 핵심은 말입니다. 말을 얼마나 신뢰 있게 하는지, 자기가 한 말을 얼마나 지키는지가 정

치의 바름을 판단하는 아주 기본적인 잣대이지요. 말에 대한 신뢰가 사라진 정치는 혼란스러울 수밖에 없습니다.

말이 길을 잃었다는 건 정치가 길을 잃었다는 뜻이지요. 많은 사람이 자기가 한 말을 지키지 않아요. 그리고 다른 사람에게는 한 말을 지키라고 하지요. 말에 대한 신뢰가 무너지면 정치가 신뢰를 잃게 됩니다. 정치가 제대로 작동하지 않으면 우리는 정치를 혐오하게 되고 정치를 멀리합니다. 그런데 잘못된 정치를 외면하기만 하면 자기보다 못한 정치인들에게 지배를 받게 됩니다. 인간은 신으로부터 독립한 후로는 정치를 통해서만 삶의 문제를 해결할 수 있습니다. 정치는 지금 우리의 문제, 즉 인간의 문제를 해결할 수 있는 유일한 방식인 것입니다. 정치를 포기하면 야만에 가까워지고 문제 해결은 영영 불가능해집니다.

모두 정치에 관심을 가져야 합니다. 그리고 정확한 인식을 바탕으로 신뢰 있게 말하는 태도가 필요하지요. 정치와 교육이 사회와 국가를 움직이는 두 톱니바퀴입니다. 교육은 고도의 정치이고, 정치는 고도의 교육 실험이에요. 『동물농장』에서도 교육이 굉장히 중요합니다. 나폴레옹이 데리고 다니는 친위대 개들도 어릴 때부터 나폴레옹이 따로 교육하잖아요. 그 친위대는 교육의 결과예요.

교육의 부재와 잘못된 세뇌로 인해 자기보다 못한 사람들의 지배를 받는 상황으로 흘러가버릴 수도 있겠다는 생각이 듭니다.

▎『동물농장』은 혁명의 깃발이 어떻게 완장이 되는지, 자유를 추구했던 혁명이 어떻게 자유를 억압하는 독재로 변질되는지를 보여주고 있잖아요. 그러한 위기를 초래하는 원인은 무지입니다. 무지하다는 것은 지식이 없고 지혜가 없다는 뜻이에요. 지식과 지혜의 기본은 읽기와 쓰기입니다.

『동물농장』의 동물들은 알파벳을 A, B밖에 읽지 못해요.

▎돼지들이 다른 동물들, 즉 대중을 현혹하고 위협할 수 있었던 것은 그들이 가진 권력 그 자체보다는 다른 동물들의 무지에서 기인합니다. 무지야말로 돼지들이 다른 동물들을 지배할 수 있는 밑바탕이었습니다. 무지가 이렇게 무서운 것입니다. 지적으로 성장할 수 있게 해주는 핵심적 능력은 읽기와 쓰기예요. 돼지들이 권력을 가진 것은 읽고 쓸 줄 아는 능력 때문입니다. 사태에 대한 인식 능력, 해석 능력, 그리고 그것을 표현하는 능력

이 힘의 원천이에요. 이 원천을 가진 돼지들과 그렇지 못한 동물들 사이에 지배-피지배의 구조가 형성되지요. 모든 독재, 억압, 전체주의는 대중의 무지와 함께합니다. 대중이 지적으로 성장하지 않으면 전체주의는 언제든지 나타날 수 있어요. 자기를 섬기지 않으면서 정치권력을 가진 사람들은 독재와 전체주의의 유혹에서 벗어나기 어렵습니다. 전체주의를 막을 수 있는 힘은 권력자가 아니라 대중의 지적 태도에서 나옵니다. 대중이 깨어 있지 않으면 전체주의적 흐름이 급속히 진행될 수 있습니다.

『동물농장』의 배경은 메이너 농장입니다. 왜 이곳에서 사건이 일어났을까요?

┃ 농장 주인 존즈 씨가 스스로 무너졌기 때문이에요. 과거에 존즈 씨는 비록 모진 주인이기는 했어도 유능한 농사꾼이었습니다. 그런 그에게 근래 재수 없는 일들이 생겨요. 소송에서 지는 바람에 돈까지 날린 그는 잔뜩 울적해져 매일 술타령만 합니다. 몇 날 며칠이고 부엌에 앉아 빈둥빈둥 신문이나 보며 술을 마시다가 이따금 맥주에 적신 빵 조각을 까마귀 모지즈에게 먹이곤 하지요. 일꾼들은 게으름 피우며 주인을 속이고, 밭에는 잡초가

무성하고, 축사 지붕은 헐고, 울타리는 아무도 손보지 않고, 동물들에게는 먹을 것이 제대로 돌아가지 않습니다. 존즈 씨가 스스로 무너져서 늙은 수퇘지 메이저가 다른 동물들을 설득할 수 있는 조건이 만들어진 것이지요. 누구도 다른 사람을 망하게 할 수 없어요. 모든 존재는 스스로 망하는 것입니다. 국가도, 정권도, 기업도 스스로 무너지지요.

그런데 우리는 스스로 무너져놓고 남 핑계, 세상 핑계를 대잖아요.

▎그런 습성 때문에 스스로 무너지면서도 끝까지 자신을 돌아보지 못합니다. 또 하나 분명한 것은, 정권이든 기업이든 개인이든 어제까지 괜찮았다가 오늘 갑자기 무너지는 일은 일어나지 않는다는 것입니다. 세계에는 우리가 읽을 수 있는 수없이 많은 시그널이 있습니다. 조짐이라고 하지요. 그런데 그 조짐을 시그널로 읽지 않고 소음이라고 생각하는 거예요. 남이 하는 비판을 비판으로 듣지 않고 비난으로 듣는 것이지요. 연인이 어제까지 함께 영화 보고 놀았는데 그다음 날 헤어지자고 전화하는 것도 그 저녁 사이에 무슨 일이 있어서가 아닙니다. 그전에 수없

이 많은 조짐이 있었겠지요. 그걸 못 읽는 겁니다. 그걸 읽어야 잘못을 고치든지 어떤 조치를 취해 상황을 수습할 텐데 그러지 못하는 것이지요. 역시 무지로 인한 것입니다. 지적으로 인식하지 못하고 감각적으로만 반응하기 때문이에요. 메이너 농장의 주인도 이미 스스로 무너져 있었어요. 그렇기 때문에 미리 짜둔 각본이 있었던 것도 아닌데 동물들이 그들을 괴롭히는 고문자들을 향해 일제히 달려든 것이지요. 그 계기는 농장 주인인 존즈 씨가 만들어준 것입니다.

시그널을 알아채는 사람은 무너지지 않을까요?

▎무너지지 않을 수 있지요. 그런데 그것을 알아채는 게 쉬운 일은 아닙니다. 일단 생각하는 능력이 성숙해야 해요. 지적으로 성장하려고 노력하지 않고 감각적 욕망과 이기적 감정에만 빠져 있으면 무너질 수밖에 없어요. 그리고 단지 시그널을 알아채는 데에만 그쳐서도 안 됩니다. 어떤 시그널이 감지된다면 그것이 무엇인지 알고자 할 때 비로소 인간이 되는 거예요. 성실하게 질문하고 생각해야 합니다. 사유하는 훈련, 감각을 극복하는 훈련이 필요한 이유이지요.

대부분의 사람이 시그널을 노이즈와 혼동하거나, 그것을 읽어 내지 못해요. 시그널을 읽겠다는 의욕조차 없는 사람이 많아요. 문제는 진영에 갇힐 때에도 발생합니다. 진영에 갇히면 생각하는 능력이 거세되고는 하거든요. 자기 생각이 아니라 진영이 시키는 대로 반응하기 때문이지요. 생각할 필요가 없고 무엇이든지 진영의 논리대로만 반응할 준비가 되어 있는 것입니다. 생각하는 능력이 점점 감퇴하고 눈에 핏발만 서게 되면 시그널을 읽을 수 없어요.

책에 다양한 동물이 등장하는데요. 그들의 캐릭터에 관해 이야기해볼까 합니다. 그전에 일곱 계명 이야기를 먼저 해볼까요?

┃ 동물주의 원리가 농장의 동물들이 지켜야 할 법률이 된 것이 일곱 계명인데요. 『동물농장』에서 전개되는 이야기는 이념화된 동물주의가 변질되어가는 과정을 보여줍니다. 대중이 지적으로 깨어 있으면 그들의 지도자, 대표, 대리인의 말과 행동을 주의 깊게 봅니다. 반면 무지한 대중은 아무런 상관을 하지 않지요. 독재를 해도 내 편이면 된다고 생각합니다. 정치적 위험을

견제하지 않는 것이에요. 어떤 말을 한다는 것은 그 말에 스스로 구속되겠다는 뜻입니다. 그런데 아무도 관심을 두지 않으면 사람들은 자기가 뱉은 말에 구속될 필요가 없지요. 오로지 자신이 원하는 방향, 자신의 특권을 강화하는 방향으로 말과 행동을 바꾸는 거예요. 그런데도 무지한 대중은 그 변화를 잘 살피지 않고 자신의 기억이 잘못된 것이라며 스스로에게 책임을 돌려요. 생각하는 능력이 완전히 거세된 결과입니다.

정치적 활동으로서의 말하기는 지적 활동입니다. 수준 높은 사유의 결과이지요. 생각하는 능력이 배양되어 있지 않으면 말을 감각적으로 다룹니다. 말의 진의를 파악하려고 애쓰거나 그것이 참된 행동으로 실현되었는지 살피지 않는 것이에요. 이러한 태도는 지성보다 감각에 기반을 두지요. 농장의 동물들도 그렇습니다. 나폴레옹이 하는 일이라면 무엇이든지 옳다고 하며 마음대로 하게 내버려둡니다. 동물들의 무지가 독재의 길을 열어준 것입니다.

나중에는 동물들이 벽에 써놓은 것을 봐도 읽지 못할뿐더러 슬쩍 글씨를 바꿔도 전혀 알아채지 못하는 지경에 이릅니다. 만약 그들이 깨어 있어서 말의 책임을 날카롭게 지적했다면 이야기가 달라졌을 수도 있겠네요.

┃ 독재자들은 옆에 꼭 어용 지식인을 데리고 있습니다. 어용 지식인들은 말을 잘 다루고 현란하게 바꾸지요. 무지한 대중은 그 능수능란함을 따라가지 못합니다. 『동물농장』에서는 스퀄러가 어용 지식인이지요. 그리고 그 옆에는 예술가처럼 보이는 동물도 있는데, 바로 노래를 작곡하고 시를 쓰는 데 재주가 있는 미니무스입니다. 독재자 옆에는 항상 이들이 있어요. 그래야 독재가 잘 유지되거든요. 읽고 쓰는 훈련이 안 된 사람들은 스퀄러의 말과 미니무스의 시와 노래에 현혹되어 결국에는 지배당하게 됩니다. 생각할 줄 모르니 쉽게 지배당하지요. 스퀄러는 인간처럼 두 발로 걷고, 미니무스는 독재자를 위한 노래를 작곡합니다. 자신들의 특권을 위해 독재자의 하수인으로 완벽하게 변신한 모습이지요. 만약 민주주의 지도자가 새롭게 등장한다면 그들은 다시 민주주의 열사로 변신할 거예요. 이런 자들은 현란한 재주로 자기 눈앞의 권력만을 추구할 뿐 자기를 섬기지 않습니다.

스퀄러와 미니무스, 그들과 결이 전혀 다른 것 같은 동물도 있는데요. 바로 몰리라는 암말입니다.

몰리는 계속 중요한 동물로 다뤄집니다. 동물주의를 가르치며 반란을 준비하는 스노볼에게 몰리가 이렇게 물어요. "반란 이후에도 설탕이 있을까요?" 그러자 스노볼이 이렇게 말합니다. "아뇨, 이 농장에선 설탕을 만들 방법이 없소. 게다가 당신한테 꼭 설탕이 필요한 것도 아니잖소?" 몰리가 또 물어요. "그때 가서도 내가 갈기에 댕기를 매고 다닐 수 있을까요?" 그 말에 스노볼이 댕기는 바로 노예의 표시라고 하지요. 여기서 설탕과 댕기가 함축하는 것이 굉장히 많습니다.

다양성은 필요를 넘어서는 차이에서 만들어집니다. 인간은 항상 필요 이상을 추구하지요. 기호학에서 의미를 말할 때 디노테이션denotation, 코노테이션connotation이란 용어가 있는데요. 예를 들면 이런 겁니다. 집을 봅시다. 사람이 거주하는 공간 구조물, 이것이 디노테이션입니다. 그런데 집은 그 이상을 함축하고 있어요. 내 능력, 취향, 기호, 성취 같은 엄청나게 많은 것을 함축하고 있지요. 그게 코노테이션이에요. 인간의 삶에서 코노테이션이 차지하는 비중은 디노테이션보다 훨씬 큽니다. 필요 이상을 추구하는 인간에게 생존에 필요한 것만 욕망하게 하는 것은 부조리한 일입니다. 그래서 몰리가 댕기와 설탕을 찾아 헤매는 것입니다.

어느 날은 몰리가 긴 꼬리를 흔들고 건초를 씹으며 명랑한 걸음으로 마당에 들어서자 클로버가 한쪽 구석으로 데려갑니다. "몰리, 할 얘기가 있어. 심각한 얘기야. 우리 동물농장과 폭스우드 농장 사이의 울타리 있잖아." 여기서 울타리는 한계를 상징해요. "오늘 아침 난 네가 그 울타리 너머를 바라보고 있는 것을 봤어." 인간은 한계를 넘어서는, 즉 필요를 넘어서는 존재입니다. 그렇지 않다면 컴퓨터는 컴퓨터로 사용하고, 핸드폰은 핸드폰으로 사용하면 되지요, 왜 컴퓨터와 핸드폰을 합쳐서 스마트폰을 만들까요? 이것은 인간이 필요를 넘어서는 존재이기 때문입니다. 필요의 울타리를 넘어가면서 문명이 확장되는 거예요. 인간이 필요에만 갇히게 되면 그 문명은 울타리에 갇히게 되고 문명의 확장성은 사라집니다. 그렇게 그 사회는 퇴보하는 것이지요. "모두가 가난한 것이 사회주의는 아니다." 덩샤오핑이 한 말인데요. 이 말은 역설적으로 사회주의가 가난과 이미 매우 가까워져 있었다는 뜻입니다. 저는 사회주의 국가에서 가난, 통제, 눈치 보기, 비굴함을 보았습니다. 그것은 분명 한계였지요. 결국 몰리는 획일화된 전체주의 사회에서 울타리 밖으로 넘어갑니다. 인간은 건너가는 존재로 태어났습니다. 몰리처럼 건너가려는 본성에 충실한 존재들은 한계에 갇힌 사회에서도 댕기와 설탕을 포기할 수 없습니다. 그래서 울타리 너머를 항상 보고 있는 겁니다. 클로버가 몰래 몰리의 마구간에 가서 짚단을 들춰보니 그 밑에 각설탕 덩어리와 형형색색의 댕기 다발이 여러 개 숨겨져 있잖아요. 그리고 3일 후 몰리는 사라져버리지요.

저는『동물농장』에서 제일 훌륭한 동물을 꼽으라고 한다면 몰리를 선택할 겁니다. 몰리는 죽어 있는 존재가 아니라 살아 있는 존재지요. 울타리 너머를 바라보다가 결국 울타리를 넘어간 존재입니다. 혁명가들은 나중에 특권의식과 선민의식에 빠지게 됩니다. 누가 특권층이 되었지요? 돼지들입니다. 특권층이 된 돼지의 새끼들은 다른 동물의 새끼들과 놀지 말라는 지시를 받아요. 이 무렵에 정해진 또 다른 규칙이, 길에서 돼지를 만나면 반드시 옆으로 공손히 비켜서야 한다는 것이었지요. 또 모든 돼지는 등급에 상관없이 일요일에는 꼬리에 녹색 댕기를 매달 특권도 가졌습니다. 결국 돼지들만 필요 이상을 추구하는 본성을 만족시키며 살아갑니다. 그러나 몰리만은 댕기를 매달 수 없다는 한계에 갇히지 않고 결국에는 울타리를 넘어가는 데 성공합니다.

가장 답답한 동물은 복서인가요?

▮그렇죠. 그런데 저는 복서보다 돼지들의 잔혹함을 더 주의 깊게 봤습니다. 복서가 엄청 이용당하잖아요. 이용당하는지도 모르고, 이용당하고 있다는 다른 동물의 말을 들으려 하지도 않지요. 이용당하는 것을 충성심으로 생각합니다. 토론은 더 이상 없으며 충성과 복종이 중요하다는 돼지들의 말에 넘어간 것입니다. 그리고 복서는 "나폴레옹 동무가 옳다고 하면 옳은 거야"라고 반응합니다. 복서는 나중에 은퇴해서 E부터 Z까지 알파벳을 떼는 게 여생의 목표입니다. 복서는 자기가 이용당하고 지배당하는 것을 몰라요. 자기가 전체주의 사회의 노예라는 것도 모르지요. 그래서 오히려 더 열심히 하는 겁니다. 다른 동물보다 30분 일찍 일어나고 더 많이 일하는 모습을 보여주지요. 그렇게 돼지들의 독재에 이용당하고 희생하다가 결국 폐마업자에게 팔려갑니다. 말 도살업자가 준 돈으로 돼지들은 술을 마시고 파티를 해요. 이것이 전체주의적 독재 사회의 모습입니다. 그런데 대중들은 그것을 모르지요. 왜 모르나요? 생각하는 능력이 없어서 무지하니까요. 자유로운 삶을 원하세요? 그렇다면 생각하는 능력을 키우세요.

교수님께서 『동물농장』을 읽고 뽑으신 한 문장은 무엇인가요?

▎ "한 번도 경험해보지 못한 편안한 잠"입니다.

왜 이 문장을 뽑으셨나요?

▎ 동물들이 독재자로부터 벗어나서 자기들만의 농장을 만드는데 성공했잖아요. 그리고 그날 한 번도 경험해보지 못한 편안한 잠을 잤습니다. 존즈 씨 밑에서 편안하게 자지 못했던 시절이 있었지요. 그런데 반란에 성공하고 그날 밤에는 편안하게 잤지만, 이 반란이 다시 완장이 되어서 또 다른 독재가 시작되었고 이후에는 존즈 씨 때만도 못하게 되어버렸지요. "한 번도 경험해보지 못한 편안한 잠"이라는 표현에 이 모든 상황이 함축되어 있어서 이 문장을 뽑았습니다.

편안한 잠인 줄 알았는데 자고 일어나 보니 더 불편한 세계가 기다리고 있었네요.

❙ 전체주의 사회로 퇴보하는 가장 근본적인 이유는 대중들의 무지입니다. 부처님이나 예수님도 항상 깨어 있으라고 하셨지요. 깨어 있으라는 말은 다른 말로 하면 생각하라는 것이거든요. 함석헌 선생님도 "생각하는 백성이라야 산다"라고 말씀하셨습니다. 국민들이 깨어 있지 않으면, 다시 말해서 생각하지 않는다면 그 사회는 독재 사회로 갈 수밖에 없습니다. 니체는 『선악의 저편』에서 이런 말을 했습니다. "괴물과 싸우는 사람은 그 싸움 속에서 스스로도 괴물이 되지 않도록 조심해야 된다." 그렇게 되지 않는 유일한 방법은 깨어 있는 것입니다. 『동물농장』에서 동물들은 인간이라는 독재자를 내쫓고 자기들이 농장의 주인이 되었습니다. 그러나 농장에는 인간과 똑같은 독재자가 나타납니다. 나폴레옹이나 스퀼러 같은 돼지들은 두 발로 걷고, 맥주를 마시고, 침대에서 자며 인간과 똑같이 행동합니다. 니체의 표현대로라면 동물들이 인간과 싸우다가 깨어나지 못해서 결국 인간처럼 된 것입니다.

『동물농장』의 마지막 부분이 굉장히 인상적입니다. 창밖의 동물들이 이미 특권층이 되어서 인간들과 어울리는 돼지들을 바라봅니다. 창밖의 동물들의 시선이 돼지에서 인간으로, 인간에서 돼지로, 다시 돼지에서 인간으로 번갈아 옮겨가지요. 그러나

누가 돼지고 누가 인간인지 분간할 수 없었다는 것이 『동물농장』의 결론입니다. 조지 오웰은 우리에게 괴물과 싸우던 동물들이 그 싸움 속에서 다시 괴물이 되는 슬픈 이야기를 들려주었습니다.

전체주의 사회는 사람들의 사고력을 거세시키면서 프레임 씌우기를 이용합니다. 전체주의의 모습을 가장 잘 보여주었던 국가는 제2차 세계대전 당시 독일입니다. 독일은 적을 만들어놓고 철저히 그 적을 말살하는 방식으로 국가의 권력을 정당화했습니다. 『동물농장』에서 스퀄러는 당분간 분배량을 재조정할 필요가 있다고 말하는데, 감축이라는 말은 절대로 쓰는 법이 없고, 언제나 재조정이라고 말합니다. '감축'이라는 말 자체에 부정적인 어감이 있지요. 그래서 감축이라는 말을 절대 쓰지 않은 것입니다. 독일 나치 정권도 유대인 학살 정책을 '유대인 문제 해결책'이라고 불렀어요. 마치 유대인에게 있는 문제를 해결하는 정책처럼 보이도록 말입니다. 이렇듯 전체주의자들은 항상 프레임 씌우기를 이용합니다. 여러분은 지금 프레임 씌우기에 이용되고 있는지, 동참하고 있는지, 수용하고 있는지 아니면 이러한 현상들을 보려고도 하지 않는지 생각해볼 필요가 있습니다. 프레임 씌우기라는 현상을 제대로 보고 이해하고자 하는 희미한 불꽃이 시작될 때, 그때가 생각하는 때, 사유하는 때입니다.

전체주의 사회는 개별성에 가치를 부여하지 않습니다. 몰리는 전체주의적 억압에 갇히기 싫어 개별성을 표현하는 댕기를 한없이 꿈꾸는 것입니다. 그리고 결국 그 울타리를 넘어서 자기만의 개별성이 보장되는 세계로 탈출하지요. 저는 『동물농장』에서 몰리가 탈출을 감행한 유일한 존재이기 때문에 몰리를 가장 높은 수준의 동물이라고 생각합니다.

우리는 『동물농장』을 통해 반란과 혁명의 깃발이 어떻게 완장으로 전락하는가를 보았습니다. 무지하면, 즉 생각하지 않으면 남의 생각에 지배당합니다. 스스로 생각하는 능력을 키우고 스스로 건너가려는 의지를 가져야 할 때입니다.

자유롭고 싶은가? 생각하라.

민주적으로 살고 싶은가? 생각하라.

풍요로운 삶을 살고 싶은가? 생각하라.

생각은 우리가 아니라 내가 하는 것입니다. 우리는 나를 가두는 우리가 되기도 합니다. 그렇다면 몰리처럼 우리로부터 이탈해서 다시 생각을 시작해야 합니다.

"한 번도 경험해보지 못한 편안한 잠"

‡

‡

‡

존재하는 것들은 대개 스스로 무너진다. 내부에서 폭동이 일어나는 일이나 파산하는 일이나 그런 무너짐들은 자세히 따져보면 대부분 자초한 결과다. 누구도 자기가 아닌 것에 의해서 무너지기는 어렵다.

　동물들이 어떻게 인간의 자리를 넘볼 수 있었겠는가. 주위의 어떤 농장에서도 그런 기미는 보이지 않았다. 하지만 존즈 씨의 메이너 농장만은 예외였다. 이미 존즈 씨 스스로 무너졌기 때문이다. 의도적으로 조지 오웰은 스스로 무너진 존즈 씨의 모습을 제일 먼저 묘사했을 것이다. "과거의 존즈 씨는 비록 모진 주인이기는 했어도 유능한 농사꾼이었는데", "무슨 소송을 냈다가 지는 바람에 돈을 날리고 잔뜩 울적해져서 몸 생각은 않고 매일 술타령이었다." 그의 삶은 "갈지자걸음"처럼 비틀거렸고, "좌우로 크게 출렁거렸다".

존즈 씨가 이렇게 스스로 무너져가면서, "미리 짜둔 각본이 있었던 것도 아닌데" 어느 날 갑자기 반란은 성공했고 '메이너 농장'은 '동물농장'으로 바뀌었다. 인간들을 쫓아내고 해방감에 젖은 동물들은 "처소로 돌아가 잠자리에 들었다". 혁명의 성공이 준 첫 소득은 아마도 "지금까지 한 번도 경험해보지 못한 편안한 잠"이었을 것이다.

혁명의 칼자루는 돼지들이 잡았다. 이유는 단 하나, 읽고 쓸 줄 알기 때문이다. 읽기와 쓰기로 성장한 힘이야말로 지배력의 근원이다. 읽기와 쓰기의 밭에서 자라지 못하면 누구나 무지하다. 부처에게 가는 길도 그 시작은 경을 읽는 것이다. 독재자는 제 맘대로 읽고 쓴다. 무지한 대중들은 독재자가 읽기와 쓰기에 제멋대로 손을 대도 괜찮다 한다. 자유를 빼앗아가는 수돼지 독재자에게도 대중들은 "나폴레옹 동무가 옳다고 하면 옳은 거야!", "나폴레옹은 언제나 옳다"며 맹목적 "충성과 복종"을 바친다.

무지해서 그렇다. 무지하면 우선 자기가 무슨 일을 하고 있는지 모른다. 그래서 생각을 포기한 채 사는 무지한 대중은 쉽게 조종당한다. 독재자 옆에는 언제나 무지한 대중을 조종하는 전문가들이 대놓고 활동한다. 어용 지식인과 어용 예술인이다. 『동물농장』에서는 스퀄러와 미니무스가 그 역할을 했다. 어떤 자들은 당당하게 어용 지식인을 자처하기까지 한다. 독재자의 입이 되는 시인도 있다. 어용 지식인들의 전문가적 권위와 어용 예술인들의 수준 높은 언어 구사력은 대중들로 하여금 조종당하면서도 그렇지 않다고 착각하게 만든다. 그래서 맹목적 추종은 더 공고해진다.

읽기와 쓰기는 말하기로 재현된다. 정치는 말로 하는 것이다. 독재자들은 대개 말의 질서와 신뢰를 무너뜨린다. 그들은 독재를 거짓말로 시작한다. 대개 독재자는 자기가 한 말을 지키지 않는다. 인간이라면 말을 어그러뜨리고 나서 반드시 수치심을 느낀다. 염치가 있고 수치심을 안다면 혁명 정신을 망가뜨려 독재자가 되지는 않는다. 한편 무지한 대중들은 독재자가 거짓말을 해도 상관하지 않는다. "나폴레옹은 언제나 옳다"라며 맹목적으로 복종하는데, 자기 영혼을 이미 헌납했기 때문이다. 무지가 독재의 토양이다. 무지는 스스로를 무너뜨린다. 1인당 국민소득이 3만 불이 넘어도 무지하면 전체주의 독재를 자초한다.

늙은 수퇘지 혁명가 메이저는 "굶주림과 회초리에서 벗어난 동물들의 사회, 모든 동물이 평등하고 모두가 자기 능력에 따라 일하는 사회"를 이루기 위해 "인간에 맞서 싸우는 데엔 우리 동물들이 결코 인간을 닮아서는 안 된다는 점도 기억하시오"라는 말을 남기고 죽는다. 혁명을 꿈꾼 메이저는 혁명이 완성되려면 동물들의 기본 정신과 자세가 유지되어야 한다는 것을 간파하였다. 그러나 메이저를 계승한다는 수퇘지들 가운데 그의 말에 담긴 정신을 계승한 돼지는 없었다.

독재자들은 대개 앞선 영웅들로부터 그 정신이 아니라 이미지만 끌어와서 임의로 소비하다가 결국 특권 의식과 권력 놀이에 빠져 완장으로 전락한다. 염치와 수치심을 기반으로 한 성숙을 추구하지 않으면 특권을 누리고 권력을 휘두르는 일 이상은 할 줄 모른다. 깃발을 찢어 완장을 만드는 일, 그것이 전부이다.

반성 능력이 없고 착하기만 하면 복서처럼 된다. 독재자가 야기한 비효율을 감내하며, 독재자 "나폴레옹은 언제나 옳고", "내가 더 열심히 해야 한다"라는 다짐을 하지만, 이 다짐으로 권력자 돼지들은 더 특권화될 뿐이다. 충직한 말인 복서의 말로를 보지 않았는가. 복서는 나폴레옹을 따르며 자기가 조금이라도 더 일하면 모든 동물이 평등해지는 이상 사회를 건설할 수 있으리라고 믿었다. 그러나 그는 결국 말 도살업자에게 넘겨져 독재자들의 위스키 한 상자로 돌아와 소비될 뿐이다. 위스키 한 상자로 소비된 복서는 모든 빠와 홍위병들처럼 독재의 소모품이 되는 말로를 맞이했지만 끝까지 무지했으며 언제나 당당하고 헌신적이었다.

독재자들이 튼튼하게 쌓은 전체주의적 둑에도 조그만 구멍은 생기게 마련이다. 호주머니를 뚫고 나오려는 송곳이 있기 때문이다. 모든 살아 있는 존재라면 품고 있을 것이 분명한 생명의 부싯돌이다. 포기할 수 없는 그것 때문에 깃발이 완장으로 전락한 혁명의 남루한 대오에서 누구는 용기를 내어 이탈한다. 그것은 자유다. 그것은 개성이다.

반란을 준비하며 대오를 갖춰가던 때에 돌부리처럼 튀어나오는 동물이 있었으니 "제일 우둔한" 질문을 던진 "흰 말 몰리였다". 반란 지도자 스노볼에게 몰리는 "반란 이후에도 설탕이 있을"지를 묻는다. 스노볼은 단호하게 "아뇨"라고 대답한다. 스노볼은 또 말한다. "당신한테 꼭 설탕이 필요한 것도 아니잖소? 귀리와 건초는 당신이 얼마든지 먹고 싶은 대로 먹게 될 거요." 몰리는 또 묻는다. "그때 가서도 내가 갈기에 댕기를 매고 다닐 수 있을까요?" 스노볼은 댕기는 노예의 표시라고 일축하며 매서는 안 될 것임을 분명히 한다. 귀리나 건초와 달리 설탕이나 댕기는 생존에 꼭 필요한 것들이 아니다. 필수 불가결한 것이 아니며, 생존 너머에 있는 것이다. 생존 너머의 것은 삶을 생존 이상으로 끌어올린다.

삶은 생존 너머에 있는 나만의 환상을 좇으면서 진실해진다. 각자의 삶은 여기서 차이가 난다. 그러므로 전체주의 독재자들은 언제나 이 생존 이상의 것들을 제거하려고 한다. 동물농장에서도 그랬다. 그러나 몰리를 몰리이게 하는 것은 어떤 말이나 먹는 건초나 귀리가 아니다. 노예의 표시라는 댕기가 오히려 몰리를 몰리이게 해준다.

모든 삶은 생존 이상을 향해 건너가려는 몸부림이다. 자기를 제한하며 멈추게 하는 울타리를 넘으려는 꿈은 모든 생명체의 당연한 생명 활동이다. 언제부턴가 몰리는 한참이나 "울타리 너머를 바라보"곤 했다. 생명체는 언제나 울타리 너머를 포기하지 못한다.

몰리의 울타리 너머는 설탕이고 댕기였다. 몰리는 선동에 쉽게 휩쓸리는 간교함이 아니라, 단순하지만 진실한 자기만의 고유한 활동성을 우둔함 속에 묻어둔 말이었다. 몰리의 "짚단 밑에는 각설탕 덩어리들과 형형색색의 댕기 다발들이 여러 개 숨겨져 있었다". 혁명의 질서를 따라가지 못할 정도로 "우둔한" 몰리는 마침내 혁명의 대오를 이탈해 "사라졌다". 몰리는 마을로 내려가 "앞머리에 분홍색 댕기를 달고" 술집 주인같이 생긴 남자의 마차를 끄는 삶을 시작했다.

혁명 주도 세력의 눈에는 다시 인간에 종속되는 노예적 삶으로의 회귀였지만 몰리는 "썩 기분이 좋아 보였다"고 한다. 자기 삶을 혁명의 이념에 종속시키지 않고, 댕기라는 자기만의 욕망과 개성을 포기하지 않은 몰리는 자유를 찾았다. 자기가 자기로 존재하게 된 것이다. 혁명에서 태어난 전체주의 독재자들이 몰리에게 좀 더 진실한 관심을 보인다면, 무능하고 고집스러운 독재자로 전락하지 않을 길이 보일 것이다.

함석헌 선생님은 혁명이 혁명으로 성공하지 못하는 이유는 혁명가가 자기를 혁명하지 않은 상태에서 혁명하기 때문이라고 이야기한다. 비슷한 맥락에서 니체의 한마디도 떠오른다. "괴물과 싸우는 사람은 그 싸움 속에서 스스로도 괴물이 되지 않도록 조심해야 한다."

존즈 씨의 독재를 타도하고 모두가 평등한 동물들의 이상 사회를 세우겠다며 권력을 잡은 돼지들은 스스로 괴물이 되어갔다. 읽기와 쓰기를 할 수 있었을 뿐, 염치와 수치심을 모르는 부실한 내면을 가지고 있었기 때문이다. 어느새 특권층이 된 돼지들은 평등한 세상을 완성하기 위해 정한 헌법과도 같은 일곱 계명에도 손을 댄다.

"어떤 동물도 침대에서 자서는 안 된다"라는 계명은 "어떤 동물도 시트를 깔고 침대에서 자서는 안 된다"로 바꾼다. "어떤 동물도 술을 마시면 안 된다"라는 계명은 "어떤 동물도 지나치게 술을 마시면 안 된다"로 바꾼다. 이미 특권층이 된 돼지들을 위해서였다. 일곱 계명 가운데 제대로 남은 것은 하나도 없었다. 인간들의 특권을 타파하자던 돼지들이 결국은 자신들의 특권을 정당화하는 데 몰두하게 되었다. 사실 각성 없는 혁명가들이 일으킨 대부분의 혁명이 다 이렇게 되기는 한다.

말을 무너뜨리는 자들에게서는 염치와 수치심도 없어진다. 염치가 없어야 특권도 만들 수 있다. 돼지들은 몰리의 댕기를 노예의 상징이라며 금지하더니 "모든 돼지는 등급에 상관없이 일요일에 녹색 댕기를 꼬리에 매달 특권을 갖는다는 규칙"까지 만드는 지경이 된다.

어용 지식인 스퀼러는 혁명 초기에 "두 발은 나쁘고 네 발은 좋다"는 구호를 그렇게도 강하게 외치면서 인간적인 모든 것과 싸웠지만 결국은 자신도 인간을 닮으려고 애쓴다. 이제는 인간화가 바로 특권인 것이다. "돼지 하나가 두 발로 서서 걷고 있었다. 스퀼러였다."

'동물농장'은 다시 '메이너 농장'으로 이름을 바꾸었다. 마지막에는 "누가 돼지고 누가 인간인지, 어느 것이 어느 것인지 이미 분간할 수 없었다". "한 번도 경험해보지 못한 편안한 잠"은 반란에 성공한 그날 한 번뿐이었다. 그들 모두의 내면은 사실 지적으로 매우 부실했던 것이다. 튼튼한 내면은 "우둔한" 몰리에게만 있었다.

Jonathan Swift
Gulliver's Travels

7

조너선 스위프트
『걸리버 여행기』

깨어 있는 사람만이
여행할 수 있다

순수하고 정의로운 '각자의 자기들'이 보는 사회는 썩을 대로 썩었고 '다른 사람들'의 행태는 짐승보다 못하다. 한탄을 금치 못한다. 그런데 여기서 한탄의 대상인 '다른 사람들'과 한탄하는 '각자의 자기들'은 입장만 바꾸면 서로 같은 사람이다. 이런 의미에서 노골적인 부패와 타락이 사실은 인간 본성이 아닐까 하는 의심을 하기에도 충분하다. 이런 지경이라면, 풍자가 아니고서 어떻게 복잡 미묘한 인간에 접근이라도 할 수 있겠는가. 냉소가 아니고서 어떻게 자기를 내놓을 수 있겠는가. 냉소와 풍자를 타고 우리는 어쩔 수 없이 숙명처럼 인간의 정면을 향해 여행을 떠난다.

요즘 교수님의 『탁월한 사유의 시선』을 다시 읽고 있는데, 그 책에 정치와 나라를 걱정하는 이유에 대해 이렇게 써놓으셨더라고요. "앎이 늘어갈수록 내 자유가 공동체의 자유와 깊게 연결되어 있다는 것을 알게 되었다." 그리고 『동물농장』을 통해서 내 개인의 삶만 생각해서는 안 되고 공동체의 삶과 그 방식도 생각해봐야 한다고 이야기하셨습니다. 그렇다면 『동물농장』 이후에 『걸리버 여행기』를 선택하신 이유가 무엇인가요?

ㅣ『걸리버 여행기』는 우리가 지금까지 읽었던 책들과 결이 같습니다. 제가 『노인과 바다』에서 노인을 자기를 섬기는 사람이라고 규정했잖아요. 영웅들은 전부 자기를 섬기는 사람들입니다. 헤르만 헤세도 그랬잖아요. "인간이 자기 자신을 향해 나아가

는 일보다 더 하기 싫은 일은 없다." 자기를 만나는 일이 제일 힘들어요.

자기를 만나게 해주는 일에는 책 읽기, 글쓰기, 운동하기 등 여러 가지가 있는데 그중에 제일 짜릿하게 자기를 만나게 해주는 일은 여행입니다. 여행은 무엇을 보러 가는 게 아니에요. 자기와 상관없는 곳에 자기를 데려다놓고 스스로를 생경하게 만드는 겁니다. 자기를 생경한 곳에 옮겨놓으면 어떻게 될까요? 비로소 자기에게 드러난 적이 없는 자기를 만나게 되는 거지요. 이렇듯 여행은 자기를 만나는 매우 구체적이고 창의적이며 고급스러운 일입니다.

외국에 나가면 우리나라가 얼마나 편한 나라인지 알게 돼요. 우리나라에 있을 때는 자기가 사는 환경을 객관화해서 보는 일이 쉽지가 않지요. 기회가 많지 않아요. 자기에 대해 인식할 때도 마찬가지입니다. 익숙함 속에서 적절한 거리를 유지하며 자기를 바라보기란 쉽지 않아요. 그런데 자기를 익숙하지 않은 곳에 데려다놓으면 생경함 속에서 자기가 도드라져 보입니다. 제가 『걸리버 여행기』를 선택한 이유도 걸리버라는 사람이 여행을 하면서 자기를 만나는 과정을 볼 수 있을 거라고 생각했기 때문이에요. 그렇지만 누구나 여행을 가서 자기를 발견하는 것은 아닙니다. 얼마나 준비되어 있느냐에 따라 누구는 발견하고, 누구는 발견하지 못하지요.

코로나 이전에 산티아고 순례가 유행하던 시절이 있었어요. 제 주변에도 다녀온 친구들이 있었는데, 어떤 친구들은 너무 좋았다고 하고 어떤 친구들은 힘든데 왜 가는지 모르겠다고 하더라고요. 이렇게 이야기에 차이가 있는 것이 교수님께서 말씀하신 그런 것이 아닐까요?

▎우리는 이탈리아로 여행을 가면 보통 르네상스의 문을 여는 데 공헌한 메디치 가문의 유적을 보러 갑니다. 그런데 그것을 보고 아는 것까지만 하는 사람이 있고, 자기가 지금 무엇을 할 수 있을지를 고민하는 사람이 있어요. 메디치 가문이 이탈리아에서 했던 역할을 나는 대한민국에서 어떻게 실천할 수 있을지에 대해 생각만 하는 사람이 있는 반면에 자기의 생각을 실천하는 사람이 있지요. 즉, 여행은 생경한 곳에 자기를 데려다놓고 자기를 발견하는 조건을 제시하는 것뿐이지, 거기서 자기를 발견하느냐 혹은 어떤 변화를 야기하느냐는 그 사람이 그동안 어떤 태도로 살아왔고 어떤 포부를 가지고 있는지에 따라 매우 다

르게 나타나는 것입니다. 헤르만 헤세가 "모든 인간은 자기 자신 이상이다"라고 했잖아요. 이 말은 어떤 존재도 멈추는 존재가 아니라는 뜻이에요. 이것을 『반야심경』에서는 '바라밀다'라고 해요. 인간은 다음으로 건너가는 것을 숙명으로 가진 존재라는 것이지요. 그렇다면 건너가기란 무엇일까요? 전혀 가본 적이 없는 곳으로 한번 가보는 것입니다.

여행은 필연적으로 탐험, 즉 모험의 일종입니다. 바꿔 말하면 모든 위대한 것은 탐험의 결과인 것이지요. 이 말을 지금 우리의 주제와 이어보면 모든 위대한 것은 여행의 결과, 즉 건너가기의 결과라고 할 수 있습니다. 그러면 300년 후의 사람들도 감동시킨 이 거대한 스토리는 어디서 나왔을까요? 여행하지 않으면 살 수 없도록 단련된 걸리버의 기질, 이것이 가장 근본적인 것입니다. 이 책에서 걸리버가 이렇게 말해요. "낯선 나라들을 보고 싶은 줄기찬 욕망." 이 말은 나에게 익숙하지 않은 것을 보고 싶은 끝없는 욕망이라고 할 수 있지요.

갈 때마다 목숨이 왔다 갔다 하는 순간을 맞이하는데도요?

▌그런 순간을 맞이하면서도 낯선 나라들을 보고 싶은 줄기찬

욕망, 이게 탐험력이에요. 탐험을 하려면 제일 중요한 것이 궁금증과 호기심입니다. "나는 그들과 함께 가게 해달라고 하여 허락을 받았다. 그 나라를 한번 둘러보면서 어떤 것들을 발견할 수 있을지가 궁금했기 때문이다. 그곳은 아주 황량하고 암석이 많은 땅이었다. 나는 곧 피곤해졌고, 호기심을 충족시켜줄 사물도 발견하지 못했다." 걸리버가 피곤해지기 직전까지 낯선 것을 보고 싶어 하는 줄기찬 욕망을 갖게 해준 것은 궁금증과 호기심이에요. 그것은 이 세계 어느 누구에게도 없는, 오직 자기에게만 있는 것이지요. 그렇기 때문에 섞이지 않아요.

"해안 쪽으로 천천히 발걸음을 되짚어 걸어갔다. 바다가 내 눈앞에 다시 펼쳐졌을 때 나는 선원들이 이미 보트에 올라타 죽을 힘을 다해 본선 쪽으로 노를 젓는 광경을 볼 수 있었다. 아무 소용이 없겠지만 그래도 선원들을 향해 막 소리치려는 찰나 나는 거대한 괴물이 바다 쪽으로 빠르게 걸어가는 광경을 보았다." 걸리버가 거인국에 내린 장면입니다. 선원들이 걸리버를 버리고 간 게 아니에요. 궁금증과 호기심에 빠져 있다가 낙오된 것이지요. 자기가 자기로 되어 있는 사람들은 궁금증과 호기심으로 무장되어 있는 사람들이고, 이런 사람들은 스스로 대오에서 이탈합니다. 우리가 궁금증을 발휘하는 순간, 나는 나로만 존재해요. 우리 가운데 한 명으로 존재하지 않지요. 걸리버도 여러 모험을 하고 집에 돌아와서 어떻게 되나요? 가족들과 섞이지 못해요. 여행을 또 떠나고 싶은 갈증 때문에 가족이라는 대오에서 이탈하는 거지요. 모두가 똑같은 생각을 하고 있는 그 대오 속에 갇혀서는 자기만의 세계가 열리지 않습니다. 걸리버는 대오에서 낙오됐기 때문에 상상도 하지 못한 엄청난 세계를 경험한 거예요.

그럼 본격적으로 책에 관해 이야기해보겠습니다. 『걸리버 여행기』의 작가 조너선 스위프트는 영국의 풍자 작가 겸 성직자이자 정치 평론가로, 1667년에 아일랜드 더블린에서 출생했습니다. 그는 1694년에 성공회 신부 서품을 받고, 1700년에 더블린에서 사제가 되었으며, 1702년에 신학박사 학위를 받았습니다. 정계와 문단에서 위험한 논객이자 배후 실력자적 존재였지만, 1714년에 앤 여왕이 죽고 그의 정적이었던 휘그당이 집권하면서 아일랜드로 낙향했습니다. 1721년에 『걸리버 여행기』의 집필을 시작하여 59세인 1726년에 작품을 완성했는데, 이 책이 출간되자마자 유럽에서 베스트셀러가 되었습니다. 1742년에 안

타깝게도 치매 판정을 받았으며, 1745년에 자신의 전 재산을 정신병원에 기부하라는 유언을 남기고 세상을 떠났습니다. 『걸리버 여행기』외에 『통 이야기』『책들의 전쟁』과 같은 책들을 남겼습니다.

| 저는 『걸리버 여행기』를 읽으면서 조녀선 스위프트의 지적 두께와 범위에 아주 감탄했습니다. 책을 읽어보면 중세 철학과 근대 철학, 고대 철학은 물론이고 천문학과 지리학까지 자유자재로 다뤄요. 지적 축적이 엄청나니까 상상력이나 창의력이 그냥 막 나오는 것 같습니다.

저는 지금까지 '라퓨타'가 일본 애니메이션에서 처음 나왔다고 알고 있었어요. 1700년대 사람이 상상해서 썼을 거라고는 생각지 못했습니다.

| 『걸리버 여행기』가 고전의 지위를 가지게 된 것은 작가가 가진 엄청난 두께의 지식과 건너가려는 기질적 욕구, 이것이 잘 맞아떨어진 게 아닐까요? 자기가 처한 현실, 구체적으로 말하면 영국이지요. 영국을 사랑하는 마음과 거기서 발견된 문제점, 그리

고 그것을 해결하고자 하는 사명감이 책을 고전의 반열에 올려 놓게 한 것 같습니다.

사랑, 관심, 자비심. 이 세 가지가 없으면 문제를 발견할 수 없어요. 정리하면 조너선 스위프트의 건너가려는, 여행하려는 강한 기질과 엄청난 양의 지식, 그리고 조국에 대한 사랑과 사명감. 이 세 가지가 아주 높은 수준으로 합쳐져 나온 소설이 바로 『걸리버 여행기』인 것입니다. 엄청난 양의 지식이 있어도 문제의식이 없고 자기 나라나 자기 자신에 대한 사랑이 없으면 지식이 형태를 갖추지 못해요. 사명감과 소명이 그 사람이 가진 지식을 살아 있게 만드는 거예요.

　　사랑과 사명감 없이 그냥 비판만 해서는 안 되는 것이군요.

▍그저 어디로 가야 한다는 사명이 있으면 비판은 질서와 격을 갖추게 돼요. 그런데 문제를 해결하려는 사명감 없이 비판만 한다면, 그건 대개 그저 내 마음에 안 든다는 것일 가능성이 큽니다.

　　그렇다면 그 삼박자가 잘 맞아서 탄생한 『걸리버 여행기』

를 걸리버가 여행한 순서대로 한번 따라나서 보겠습니다. 처음은 『걸리버 여행기』 하면 제일 많이 알고 있는 소인국인데요, 왜 걸리버가 처음에 소인국으로 가게 된 것일까요?

┃그 당시 영국은 정치 갈등이 심했습니다. 갈등이 심하다는 것은 각 당파들이 교만에 싸여 있었다는 뜻이지요. 교만에 싸인 저들이 작은 것 앞에서는 얼마나 우월의식을 가졌겠어요? 그것에 대비시켜서 아주 작은 존재들로부터 교훈을 얻기 위해 가장 먼저 소인국으로 가게 된 것이라고 생각합니다. 교만함을 전면에 내보이려고요. 걸리버가 소인국에서 많이 배우거든요.

어떤 것을 배우나요?

┃소설을 보면 이런 장면이 나옵니다. "나는 폐하께 조금도 심려하지 말라고 대답했다. 또 지금이라도 내 몸을 탈탈 털고 내 호주머니를 털어서 황제 앞에 내보일 준비가 되어 있다고 말했다." 이다음 구절에서 소인들이 얼마나 정정당당한지를 볼 수 있어요. "나는 이것을 몸짓 절반, 말 절반으로 표시했다. 황제는 왕국의 법률에 의하여 두 명의 황실 관리가 수색해야 한다고 대

답했다. 또 나의 동의와 협조 없이는 이런 수색 작업을 할 수 없다는 것도 안다고 말했다." 1700년대 초반, 소인국에서는 법률을 이렇듯 당당하게 집행합니다.

영국은 그 당시 법률이 정파에 따라 임의적으로 사용되는 경우가 많아서 나라가 혼란스러웠어요. 그런데 우리 눈에 하찮고 잘 보이지도 않는 이 나라는 얼마나 정당합니까. 걸리버가 이방인인데도 불구하고 법률에 의거해서 그의 동의와 협조 없이는 수색 작업을 할 수 없다고 하지요. 현대사회에서도 이 정도로 법률에 의거해서 행정을 집행하는 나라가 많지 않습니다. "황제는 나의 관대함과 공정함을 아주 높이 평가하기 때문에 두 명의 관리의 목숨을 내 손에 맡긴다고 말했다. 그들이 내게서 무엇을 압수하든 간에 내가 왕국을 떠날 때는 다시 돌려주거나 아니면 내가 요구하는 금액을 지불할 것이라고 덧붙였다." 어느 문명 국가에서도 법을 공정하고 당당하게 집행하는 일이 잘 이루어지지 않는데 소인국에서는 그런 일이 일어나고 있어요.

소인국 릴리펏과 블레푸스쿠 두 나라의 싸움은 영국과 프랑스의 싸움을 풍자한 것인데, 정치 싸움이라는 게 사실 아무것도 아닌 것으로 싸우는 겁니다. 그들이 왜 달걀을 넓은 쪽으로 깨냐 좁은 쪽으로 깨냐를 가지고 싸우게 되었나요? 제일 처음 그

법을 만든 사람은 그들에게 편리한 쪽을 택하여 달걀을 깨라고 했어요. 교주, 즉 신은 신자들에게 편리한 쪽을 택하여 달걀을 깨도록 했지요. 그런데 이게 분리가 되면서 어떤 사람은 위로, 어떤 사람은 아래로 깨는 것이 편리하다며 진영을 만듭니다. 정치에서도 제일 큰 문제가 진영에 갇히는 것이라고 하잖아요. 사실 나라의 이익을 위하면 많은 문제가 해결되지만, 많은 이들이 나라의 이익보다는 자기 진영의 이익을 더 우선합니다. 왜 그럴까요? 사람이 공정하지 않고 작아져서 그렇습니다. 불교에서는 상을 짓지 말라고 합니다. 편리한 대로 하는 것이 상을 짓지 않는 것이지요. 위쪽이나 아래쪽이 편리하다고 정하는 것은 상을 짓는 겁니다. 상을 지으면 세계의 어느 한쪽에 갇히는 거예요. 좁아지는 거지요.

모든 종교가 그렇습니다. 여기서도 교주는 신자들에게 편리한 쪽을 택하여 달걀을 깨라고 했는데 교파가 나누어진 것이지요. 옛날 조선에서도 옷섶을 왼쪽으로 할지 오른쪽으로 할지를 두고 싸우면서 많은 사람이 죽었습니다. 이게 권력 행사의 방식이에요. 종교 권력이든, 정치 권력이든, 교육 권력이든 권력화되면 다 이렇게 행사됩니다. 조너선 스위프트는 이 부분을 통해 당시 토리당과 휘그당, 영국과 프랑스의 전쟁 같은 문제들을 풍자한 것 같아요.

릴리펏에서 한 가지 더 짚고 넘어갈 것은 사기범을 사형에 처하는 것입니다. 사기죄를 제일 엄하게 다스리지요. 사회는 모든 것이 약속입니다. 말도 정치도 다 약속이지요. 구성원들 간의 신뢰가 그 사회의 핵심이에요. 이 세계는 세 가지 약속 체계로 되어 있습니다. 문자, 숫자, 음표. 이 셋 중에서 삶과 제일 직접적으로 관련되는 것은 문자지요. 자기가 한 말을 지키지 않으면 신뢰가 무너지고, 신뢰가 무너지면 이 사회가 똑바로 서 있지 못합니다. 정치에서 제일 큰 문제가 거짓말하는 것, 말의 질서가 무너지는 것이에요. 말의 질서를 무너뜨리는 것을 아무렇지 않게 허용하지요. 거짓말하는 사람도 부끄러움과 염치를 모르고 남을 속입니다. 거짓말하는 인격은 속이는 인격이에요. 속이는 인격으로는 정의, 공정, 절제 같은 것들이 이루어질 수 없습니다. 이런 것들이 이루어지려면 기본적으로 신뢰가 있어야 하고 말의 질서가 유지되어야 합니다. 정의가 거짓말을 허용하는 사람들끼리의 것으로 전락해버리면 나라 전체를 지탱하는 신뢰는 사라져버려요. 『동물농장』에서 봤잖아요. "나폴레옹이 하는 것은 다 옳다." 말의 질서가 무너지는 것은 독재로 가는 지름길입니다.

그렇다면 왜 속이는 세상이 되었을까요? 속이는 사람과 그것을 방관하는 사람이 서로 허용해서 그렇습니다. 소인국에서는 어떻게 하나요? 사형에 처해요. 황제가 이곳은 신용이 필수라며 어떤 사람을 벌주려고 하자 걸리버가 이렇게 변호합니다. "신용을 위반했을 뿐인데 뭐 그렇게까지 하나요." 그러자 황제가 죄를 더 심화시키는 것을 정상참작의 사유로 들고 있으니 참으로 한심하다고 합니다. 그 말을 듣고 걸리버가 매우 부끄러워하지요.

릴리펏에서는 능력보다 도덕성을 더 중시합니다. 그래야 정의, 공정, 절제 같은 미덕을 지킬 능력이 있다는 것이지요. 사회생활에서 지켜야 할 가장 근본적인 것이 지켜지지 않는 사회는 건강한 사회가 아닙니다. 소인국에서는 그 말을 강력하게 하고 있는 거예요. 릴리펏의 황제가 더 나쁜 죄를 짓게 만드는 것을 정상참작의 이유로 대는 걸 이해할 수 없다고 하니까 걸리버는 부끄러워했어요. 이것은 걸리버가 아직 인간이라는 뜻이에요.

공자의 관점에서 저 존재가 동물인지 인간인지를 구분하는 포인트가 있어요. 우리는 동물로서 인간이지만 동물이기만 한지 아니면 인간이기도 한지 구분하는 경계선이 있는 거지요. 바로 염치와 부끄러움을 아느냐 모르느냐입니다. 여기서 걸리버가

부끄러워했다는 말은 걸리버가 인간이라는 뜻입니다. 반성을
하면 그것을 발판으로 더 나은 사람이 될 수 있어요.

우리는 이 대목에서 스스로를 돌아볼 필요가 있습니다. 거짓말
을 했는가 하지 않았는가, 나 자신을 속였는가 속이지 않았는
가, 속이는 것에 대해 어떤 태도를 취했는가, 거짓말한 사람을
비판적으로 봤는가를 말이지요. 내가 좋은 사람이 되고, 우리나
라를 좋은 나라로 만들 의지가 조금이라도 있다면 매우 깊이 반
성해야 합니다. 이건 소인국에서 반드시 배워야 해요.

이제 거인국 브롭딩낵으로 가보겠습니다. 소인국에서 갑
자기 정반대의 거인국으로 갑니다.

▎거인국은 시각을 대비해서 보는 것도 재미있습니다. 거인국에
서 걸리버는 소인이지요. 완전히 위축된 상태의 인간으로서 이
세계를 어떻게 보고, 거기서 어떻게 인간의 존엄을 확보하는지
를 알 수 있습니다.

저는 이 부분에서 다른 것보다도 거인국이 가진 여러 가지 결점
을 의식해서 봤습니다. "나는 그 훌륭한 왕의 많은 미덕들을 비
방할 의도는 조금도 없다. 그러나 양심의 가책이라는 문제 때문

에 그의 성품은 영국 독자들의 견해에는 다소 시원치 않은 것이다." 선량하지만 불필요한 양심의 문제에 사로잡혀서 인격이나 문명의 발전을 이루지 못하는 점을 지적하고 있어요. 원초적인 감정에 사로잡혔다는 건 무지하기 때문입니다. 세계에 대한 관찰과 세계를 건설하려는 의지 없이 순박함만 있는 상태, 그것을 걸리버는 무지로 보는 것이지요.

"그러나 나는 이런 결점들이 그들의 무지로부터 생겨났다고 본다. 그들은 지금껏 정치를 학문으로 만들어놓지 않았다." '학문으로 만들어놓지 않았다'는 것이 굉장히 중요한데요. 어떤 것을 학문으로 만든다는 것은 그에 대한 지적 체계를 만든다는 뜻입니다. 이 체계가 없으면 사람은 원초적 양심이나 감성, 감정에 의존하게 돼요. 거기에 의존하기 시작하면 진영에 갇히거나 맥락을 넓게 이해하지 못하게 됩니다.

예를 들어, 공자는 정치를 '바르게 하는 것'이라고 했어요. 정치를 바르게 한다는 것은 지혜와 통찰력을 갖춘 리더가 자기의 뜻으로 정치를 수행하는 겁니다. 그리고 150년 뒤에 맹자는 정치를 "백성들과 함께하는 것"이라고 정의합니다. 순자는 "정치를 하는 군주들은 배이고 백성들은 물이라, 물은 언제든지 배를 뒤집을 수 있다"라고 해요. 이렇듯 정치가 학문적으로 정의되어

지적 체계를 갖추면 하나의 진영에 갇히지 않습니다. 더 이상적인 정치를 향해 단계적으로 나아가지요. 그런데 이것이 정의되지 않으면 아무런 의식도 없이 정치를 자기 임의대로 하게 되지요. 이러면 정치를 리더의 선의에 맡길 수밖에 없어요. 거인국의 정치가 왜 제대로 되지 않나요? 정치가 학문적으로 정리되지 않았기 때문이에요. 다시 말해서, 정치가 지적으로 정리되지 않은 거지요. 지적 이해와 의식 없이 양심의 가책 같은 모호한 기준을 따르는 정치로는 정의를 실현할 수 없습니다.

잘못된 정치의 문제는 사람들이 진영에 갇힌 사고를 한다는 것입니다. 네 편 내 편을 갈라서 내 편이 아니면 인간이 아니라고 보지요. 정치사에서 보면 이것은 굉장히 과거적 정치예요. 왜 이런 일이 벌어질까요? 생각하는 능력이 없기 때문입니다. 생각하는 능력이 없다는 것은 지적으로 사고하는 능력이 없다는 거예요. 마음속의 선의, 감성, 이런 것에 의존하는 겁니다.

거인국은 학문이 있어도 매우 불충분했어요. 윤리, 역사, 시학, 수학만 있었거든요. 이것들도 위대한 학문이고, 걸리버도 그들이 그런 학문에서는 매우 뛰어났다는 사실을 인정합니다. 그렇지만 수학은 오로지 생활에 유용한 것, 즉 농업과 모든 기계 기술의 향상에만 적용되었어요. 그래서 걸리버는 거인국의 이러한 점이 영국 사람들한테는 높게 평가받지 못할 것이라고 이야기합니다. 수학은 원래 추상적인 사고를 해야 하는 것인데 관념, 존재, 추상 혹은 초월 같은 개념은 아무리 해도 그들의 머리로는 이해할 수 없었던 것이지요.

생각한다는 것은 세계를 추상화해서 본다는 겁니다. 그런데 추상적인 것은 유용한 것으로 보이지 않아요. 지적 수준이 낮으면 구체적으로 만질 수 있는 것만 유용하게 보입니다. 텃밭과 정원으로 예를 들어볼까요. 텃밭은 쓸모 있는 것들을 심어놓은 땅입니다. 반면에 정원은 쓸모 있는 땅을 쓸모없게 다루는 것이지요. 이것이 지적으로 다루는 것입니다. 거인국에서는 수학을 토지나 물건을 측량하는 데만 써요. 추상적인 학문을 눈에 보이는 텃밭에만 적용하는 거지요.

아편전쟁에서 서양은 동양을 완전히 압도했어요. 동양은 힘이 없었지요. 동양에서 연산과 대수까지 발전했을 때 서양에서는 이미 고대부터 기하학이 발전했어요. 기하학은 고도로 추상화된 거예요. 반면에 연산과 대수는 기하보다 추상의 정도가 더 낮은 단계지요. 연산과 대수는 감각 경험 쪽에 가까워요. 세계를 관리하는 학문이 동양은 경험에, 서양은 추상에 가까웠던 것이지요. 서양은 훨씬 지적으로 고도했고, 동양은 상대적으로 부족했던 겁니다. 민주, 자유, 이런 것들도 추상적인 거예요. 어떤 사건을 대할 때 그 사건 자체를 없었던 일로 만들기 위해 덜 민주적이고 덜 자유로운 태도를 취하는 것이 거인국의 태도였습니다. 그래서 걸리버는 어떻게 했나요? 사건을 다루는 일이 민주와 자유를 손상해서는 안 된다고 하지요. 우리는 민주와 자유라는 높은 단계를 낯설어합니다. 눈에 보이는 권력, 마음에 안 드는 사건 같은 것을 더 직접적으로 받아들이지, 민주나 자유와 같이 한 단계 추상화된 것들을 더 중요하고 필요한 것으로 받아들이지는 못합니다. 장자가 '무용지용無用之用'이라는 말을 합니다. '쓸모없는 것의 쓸모, 그것이 진짜 쓸모다'라는 말이지요. 수학에서도 기하학에서의 쓸모가 연산과 대수에서의 쓸모보다 크고, 민주와 자유도 무용한 것 같지만 구체적인 사건이나 권력보다 훨씬 더 쓸모 있고 유용한 것입니다.

소인국 사람들은 언뜻 보기에는 작지만 그들의 법이나 가치관, 생각의 높이는 걸리버가 부끄러워할 정도로 높았던 데 반해, 엄청 크고 거대해 보이는 거인국 사람들의 생각과 가치관은 오히려 미숙했네요.

▎걸리버는 거인국에서 여기저기 공연을 다니는 동안 결혼해서 여기서 살라는 이야기를 듣기도 하는데, 그때 그는 이렇게 생각합니다. "그는 내게 나만 한 크기의 여자를 얻어주어 내가 후손을 남길 수 있기를 바란다. 그러나 나는 후손을 남기느니 차라리 죽어버리는 것이 낫다고 생각했다. 내 자식들은 카나리아 새처럼 조롱에 가두어지거나 아니면 적당한 때가 되면 왕궁 내의 고관들에게 진기한 물건으로 팔려나갈 것이기 때문이었다. 그러니 차라리 죽어버리는 것이 낫다." 이 말은 자유가 아니면 죽음을 달라는 것과 같습니다. 자유인만이 여행할 수 있어요. 저는 걸리버의 이런 자유정신이 그 영혼의 가장 큰 특색이 아닐까 싶습니다.

소설이 거인국에서 끝나는 줄 알았는데 이후 걸리버가 다른 곳으로 또 떠납니다.

▎라퓨타로 가지요. 걸리버가 라퓨타는 비판적으로 볼까요, 긍정적으로 볼까요? 저는 비판적으로 보는 것 같습니다. 라퓨타 사람들의 특징이 생각만 하는 거예요. 그것도 이미 정해진 생각만을 계속 살피고 있는 거지요. 그래서 현실을 모르고 현실에

관심이 없습니다.

이 세계에 존재하는 모든 지식은 문제를 해결한 결과입니다. 그런데 지식을 얻게 된 사람들은 그 지식만 다뤄요. 문제를 발견하는 능력이 없지요. 문제를 발견하는 능력이 없다는 것은 세계에 관심이 없고 이론에만 관심이 있다는 것입니다. 라퓨타 사람들이 그렇지요. 우리가 어떤 이론을 공부하는 것은 그것을 이용해서 구체적인 문제를 해결하기 위함인데, 내가 세계에 관심이 없고 세계를 살피는 능력이 없으면 문제를 발견하지 못합니다. 그러니까 이미 정해진 이론을 이 세계에 적용하려고만 하는 것이지요. 생각이 있는 사람들은 문제를 관찰하지 이론을 관찰하지 않습니다.

공부는 시대의 급소를 건드려야 해요. 그 시대에 필요한 공부를 해야 하지요. 그런데 라퓨타 사람들처럼 과거에 정해진 공부만 죽어라 하고 있으면 변하는 시대에 대응할 힘이 없습니다. 지식인이라면 지금 해결해야 할 가장 중요한 문제가 무엇인지 알아야 해요. 이것을 모르고 과거에 정해진 이론으로만 새로운 사회를 만들려고 하니까 효율성이 떨어지는 겁니다.

라퓨타 사람들은 생각을 하는 게 아니라 정해진 생각의 결과들만 계속 헤집고 있어요. 그래서 그들에게는 생각하는 능력이 없지요. 생각하는 능력이 없으면 어디에 관심이 많을까요? 의외로 정치에 관심이 제일 많습니다. 정치가 굉장히 오묘해요. 전문가와 문외한이 동등하게 대화할 수 있는 유일한 학문이지요. 목소리만 크면 돼요. 생각하기 싫은 사람들, 생각하는 훈련이 안 된 사람들, 혹은 염치를 모르는 사람들 모두 정치에 빠집니다. 정치가 굉장히 높은 수준의 사고력과 학문적 정리가 필요한 분야임에도 그것들 없이 정치 행위를 하는 것이지요. 라퓨타 사람들이 뉴스와 정치에 몰입하는 것도 생각하는 능력이 없기 때문입니다.

이번에는 죽지 않는 나라 럭낵으로 가보겠습니다. 럭낵 사람들은 80세까지 늙은 후에도 영원히 죽지 않아요. 왜 그런 걸까요?

▎저는 럭낵이 중국이거나 중국과 가까운 어딘가 아닐까 싶습니다. 걸리버가 일본으로 가는 여정에 들른 나라인데요. 여기서 걸리버에게 죽지 않고 영원히 산다면 무엇을 하고 싶은지 물어봅니다. 걸리버가 세 가지를 이야기해요. 하나는 부자가 되는 것, 또 하나는 인문학과 과학을 공부해서 높은 경지에 이르

는 것, 그다음이 모든 것을 기록하는 것입니다. 저는 걸리버가 이 세 가지를 정말 잘 짚은 것 같아요. 기록은 지식이거든요. 인간은 탐욕스러울 정도로 지식욕이 있어야 해요. 일단 많이 알고 그중 무엇이 더 인간적이고 존엄한 것인지도 알아야 합니다. 그것은 직관적으로 되는 일이 아니기 때문에 지식이 많아야 해요. 그리고 이 지식의 수준이 높아야 하지요. 수준이 높은 학문으로는 인문학과 과학을 꼽습니다.

저는 아편전쟁이 두 가지 의미가 있다고 보는데요. 동양에 대한 서양의 완전한 승리, 동시에 서양에 대한 동양의 완전한 패배입니다. 어떤 사람들이 동양은 정신문명이 앞섰고 서양은 물질문명이 앞섰다고 하는데 이건 완전히 틀린 말이에요. 안에 있으면 정신문명, 밖에 있으면 물질문명이지요, 정신문명과 물질문명은 하나예요. 아편전쟁을 계기로 동양은 서양의 물질문명이나 정신문명에 완전히 패배했습니다. 조선은 그때 당시 뒤로 빠져 있었지만 중국과 일본은 서양을 어떻게 극복해야 할까 고민했지요. 처음에는 그들이 기존에 가진 물질문명이나 제도만으로 극복할 수 있을 줄 알았지만 곧 그게 아니라는 걸 깨달았습니다. 그리고 동양에는 없고 서양에만 있는 것을 발견했어요. 그게 바로 고도의 인문학과 과학입니다. 중국이 칫솔, 화약, 나

침반, 비단, 도자기, 이런 것들을 처음 발명했잖아요. 그런데 이것들은 과학이 아닙니다. 기술이지요. 인류 문명이 기술적인 단계에 있을 때는 동아시아가 세계의 주도권을 쥐고 있었지만, 생산 지침과 생산 원리가 과학으로 전이되면서 과학적 세계관을 계속 발전시킨 서양에 완전히 밀린 것입니다. 생산력을 따라가지 못하게 된 것이지요. 그래서 중국과 일본은 몇십 년 동안 인문학과 과학의 발전을 국가 시책으로 삼았던 거예요. 걸리버도 인문학과 과학을 중요시하고 있습니다.

저는 우리나라에서 6·25전쟁 이후 일어난 사건 중에서 제일 의미 있는 것이 인문학의 유행이라고 봅니다. 지금 우리에게 필요한 것은 인문학이 가진 콘텐츠가 아니라 인문학이 주는 높은 수준의 사유 능력, 즉 생각하는 능력입니다. 지금은 기술적 높이가 아니라 과학적 높이의 생각하는 능력, 사회학적 높이를 넘어서는 인문학적 높이의 생각하는 능력이 필요한 때예요. 인문학의 유행으로 나타난 생각하는 능력에 대한 욕망을 어떻게 지적 체계로 완성해내는가가 우리의 가장 큰 과업입니다. 걸리버가 럭낵인에게 이 이야기를 하는 것을 보고 그 중요성을 아는구나 싶었어요.

그다음에 하나가 부자가 되는 것인데, 우리는 부유함에 대해 너무 부정적인 시각을 가지고 있는 것 같습니다. 우리는 물질적 풍요가 정신적 비옥과 적대관계가 아니라는 것을 알아야 해요. 물질과 정신의 풍요를 함께 추구해야 합니다. 물질 조건이 기본적으로 충족되지 않으면 시민이 성장할 수 없어요. 시민계급이 나올 수 없고, 독립적 주체가 나올 수 없지요. 그러니까 너무 윤리적이고 도덕적인 기준으로 판단해서 물질적 풍요를 추구하는 사람을 마치 정신적 성장을 포기한 사람처럼 보면 정말 곤란합니다. 물질적 풍요를 추구하는 기풍이 없으면 정신적 성장도 길을 잃어요.

그렇게 말씀하시니까 한동안 자기계발서에 자주 등장하던 "부자들은 당신들이 생각하는 것처럼 생각하지 않는다"라는 문구가 떠오릅니다.

┃물질적 풍요와 정신적 비옥은 성장을 가져옵니다. 이것은 절대 대립되지 않고 함께하지요. 돈, 물질을 부정적이고 적대적으로 보면 안 됩니다. 사회가 발전하지 못해요. 개인도 성장하지 않습니다. 돈과 물질에 대해 지금보다 더 과감하게 긍정적인 태도를 가져야 합니다. 그리고 그것이 정신적 성장, 시민의 성장

과 밀접하다는 것을 꼭 알았으면 좋겠습니다.

저는 사람이 제대로 살거나 좀 더 나은 사람이 되고 싶으면 두 가지 문장을 반드시 뼛속 깊이 새겨야 한다고 생각합니다. 하나는 '이 세계는 항상 변화한다'는 거예요. 고집부리지 말고 그 변화를 적극적으로 수용해야 합니다. 변화를 모르면 요즘 젊은이들은 다 버릇없게 보이고 새로 등장하는 것들은 전부 인간성을 상실한 것처럼 느껴져요. AI(인공지능)가 등장하고 인간성이 상실되었다는 말을 많이 하는데, AI 자체가 인간의 욕망을 구현한 것이고 인간성에서 나온 거예요. 변화에 따르지 못하는 사람은 항상 자기의 경험을 진리화하고 거기서 멈춘 채 부패합니다. 세계가 변화한다는 것을 알아야 해요.

그다음으로 '우리는 금방 죽는다'는 것을 알아야 합니다. 인생이 짧다는 것을 알아야 하지요. 이 두 가지만 철저하게 인식해도 기품 없는 삶을 살지는 않을 것이라는 게 제 생각입니다. 여기서 럭낵인들은 불사의 능력을 가지고 있어요. 이 능력은 "죽지 않는다는 끔찍한 전망"이지요. 영원히 죽지 않고 살면 무엇이 없어질까요? 호기심이 없어집니다. 그리고 질문이 없어져요. 삶의 긴장감을 최고로 증폭시키는 것이 죽음이에요. 죽음에 대한 인식이 없으면 사람이 죽 퍼져서 호기심이 사라져버립니다.

호기심은 그 사람을 자기 자신으로 만드는 힘이에요. 걸리버가 자유를 추구하고 여행하게 하는 근본 동력이 바로 호기심이지요. 그런데 영원히 산다면 호기심과 질문이 없어집니다. 그건 내가 '나'가 아닌 거지요. 왜 그럴까요? 스스로 각성해 '나'를 자각하고 '나'의 의지를 펼치지 않으면 '나'로 존재할 수 없습니다. '내가 이렇게 살아도 될까?' 혹은 '나는 누구일까?' 이런 존재적 질문을 하게 하는 가장 강력한 힘이 '죽는다'는 사실인 것입니다.

그렇다면 럭낵인들은 요즘 SNS에 올라오는 '죽기 전에 꼭 가봐야 할 곳' '죽기 전에 꼭 먹어봐야 할 음식' '죽기 전에 꼭 읽어봐야 할 책' 이런 것들에 '왜?'라고 반응하겠네요.

▎'오늘 안 먹어도 돼. 기회가 되면 먹겠지'라고 생각하겠지요. 책에 이런 말이 나오더라고요. "그들은 내가 대단한 여행자이고 전 세계를 둘러봤다는 이야기를 들었음에도 전혀 호기심을 보이지 않았고 질문도 하지 않았다." 어린아이와 어른의 가장 큰 차이는 호기심입니다. 어른들은 궁금한 게 없고 당연한 것이 많아요. 아이들은 당연한 게 적고 궁금한 것이 많지요. 당연한

것이 궁금한 것을 압도하면 꼰대인 것입니다. 궁금한 것이 당연한 것을 짓누르면 청춘이고요.

꼰대의 기준이 나왔습니다. 나는 당연한 것이 호기심을 누르지는 않는지 생각해봐야겠어요. 그러면 이제 마지막 나라인 말들의 나라, 후이늠으로 가보겠습니다.

▎이곳에서는 말이 사람 역할을 하고 야후가 동물로 등장합니다. 이 마지막 장에서는 걸리버가 하고 싶은 말을 다 한 것 같아요. 걸리버가 영국에 돌아와서도 야후와 말을 많이 봅니다. 영국의 정치나 사회 문제도 많이 보았고요. 그러면서 영국에 대한 사랑과 비판 의식이 공존했던 것 같습니다. 그래서 오히려 말을 제대로 된 인간으로 등장시키고 인간을 야후로 만든 것 같아요. 걸리버는 영국으로 돌아가서도 사람들을 계속 야후라고 하거든요.

충격이었습니다. 자기 아내와 가족들에게 냄새가 난다고 하면서 6개월이 지난 후에야 같이 밥 먹는 것을 허락하잖아요.

▎ 인간 존재의 순수함. 걸리버는 이것을 말들로부터 배운 것입니다. 영국 사회는 타락했어요. 그래서 저는 걸리버가 이 세상을 적대시하거나 세상과 단절해버릴 줄 알았습니다.

말들의 나라에서 살고 싶다고 하잖아요.

▎ 그런데 결국 영국으로 돌아오지요. 돌아와서도 계속 그 나라를 그리워하고 야후들을 천시합니다. 걸리버가 아내와 키스하다가 충격을 받아서 기절하잖아요. 이해가 되세요? 이렇게 기절해버릴 정도로 적대적이었는데 시간이 지나면서 비록 거리를 두지만 부인과 한 식탁에 앉습니다. 한 식탁에 앉는다는 것은 걸리버가 영국 사회와 영국 사람들을 더 좋은 사회, 더 좋은 사람들로 만들고 싶다는 소명을 버리지 않고 계속 끌고 갔다는 것을 의미해요.
저는 소설의 거의 마지막에 등장하는 문장이 굉장히 감동적이었는데요. "하지만 이성의 통제를 받으며 사는 후이늠들은 자신들의 훌륭한 특성을 자랑하지 않는다. 그건 내 다리나 팔이 멀쩡히 있다고 자랑하지 않는 것과 마찬가지다." 그들의 훌륭한 특징이 그 존재 자체의 모습이라는 거지요. "팔이나 다리가 없다면 틀림없이 비참하겠지만 그것이 있다고 자랑하는 자 또한 제정신이라고 볼 수 없다."

문명은 당연한 것을 유지하는 것이 아니라 새로운 것을 만들어서 그것을 당연한 것으로 만들어내는 일이에요. "내가 이 주제를 길게 언급하는 건 영국의 야후 사회를 어떻게든 견딜 만한 것으로 만들어보려는 소망이 있기 때문이다. 그러나 그런 어리석은 악덕을 조금이라도 갖고 있는 자는 내 앞에 나타나지 말기를 간청한다." 제가 아까 걸리버가 여행하는 계기로 세 가지를 이야기했어요. 그중에서 영국 사회를 어떻게든 더 좋은 사회로 만들어보겠다는 사명감. 제가 왜 이 부분에서 감동을 받았냐면 저와 소명이 같기 때문입니다.

저는 우리나라가 오랜 기간 몸에 밴 익숙한 방식으로 도달할 수 있는 가장 높은 곳에 이미 도달했다고 생각해요. 이제는 여기서 한 단계 올라서는 일만이 의미가 있는 것이지요. 우리는 생각하지 않고 생각의 결과를 받아들이는 삶에서 스스로 생각할 줄 아는 삶으로 넘어가야 해요. 감각적이고 감성적인 삶을 추상적이고 지적인 높이의 삶으로 상승시켜야 하는 것이지요. 이런 이상을 꿈꾸지 않으면 우리는 하강할 수밖에 없습니다.

제가 『탁월한 사유의 시선』 개정판 서문에 이렇게 썼어요. "어떻게 생존해온 민족이냐. 어떻게 번영시킨 나라이냐. 여기까지만 살다 갈 수는 없다." 이게 제가 『탁월한 사유의 시선』을 쓴 소명이었어요. 걸리버가 지닌 소명이 저의 것과 같아서 마지막 장을 읽을 때 매우 행복했고 뭉클하기도 했습니다.

그렇다면 교수님이 뽑으신 한 문장은 무엇일지 궁금합니다.

▎"여행을 떠나는 것이 나의 운명"입니다. 질문하는 것이 나의 운명, 건너가는 것이 나의 운명이라는 뜻이지요.

여행하는 것이 나의 운명이라고 하니까 『돈키호테』로 다시 돌아간 것 같습니다. 『돈키호테』부터 여기까지 오면서 여행하는 것이 다 그들의 운명이었잖아요.

▎『데미안』에 나오잖아요. "모든 인간은 자기 자신 이상이다." 자기 자신 이상이 되려면 자기 자신 안에서 여행을 해야 해요. 건너가야 하지요.

많은 분들이 '나는 너무 멈춰 있었던 건 아닐까?'라는 생각을 하실 것 같아요. 건너가기를 저희 같은 평범한 사람들도 해낼 수 있을까요?

│ 우리는 절대 평범한 사람이 아니에요. 고유한 사람이고 유일한 사람이지요. 고유하고 유일하다는 점에서 우린 이미 특별해요. 왜 스스로를 평범하다고 생각하나요? 다른 사람이 평범하다고 해도 자기 스스로만큼은 특별해야 해요. 사람들이 자기를 너무 인정해주지 않는 것 같다는 분들을 많이 봐요. 자기가 자기에게 먼저 특별한 사람이란 것을 인정해야 해요. 자기는 절대 평범한 존재가 아니라 아주 특별한 존재, 고유한 존재예요. 이 세계와 우주에 유일하니까요. 그러니까 누구도, 어떤 것도 자기를 침범하게 두면 안 됩니다. 자기를 약화시키게 해도 안 돼요. 무엇을 하든지 스스로가 유일한 친구가 되어야 하지요. 다른 사람들이 평범하고 일반적으로 대해도 스스로만큼은 특별하고 소중하게 다뤄주세요. 여러분에게 간절히 호소합니다.

"여행을 떠나는 것이
나의 운명"

‡

‡

‡

모든 인간은 나다. 우리는 정해져도 나는 정해질 수 없다. 나는 호기심이기 때문이다. 호기심은 현재의 상태를―깊이로든, 높이로든, 넓이로든, 의미로든― 넘어서서 다음을 꿈꾼다. 그래서 호기심을 가진 나는 여행자로 태어난다. 여행을 떠나는 것이 나의 운명이다. 여행은 건너가기다. 누구나 호기심이 마르면 멈추고 우리에 갇힌다. 우리에 갇힌 자는 일상이 아무리 변화무쌍해도 사실은 죽을 날을 기다리는 무성영화 속의 조연에 불과하다. 자기 자신으로 살고자 하는 모든 의지는 여행으로 실현된다.

여행의 한 형태가 독서다. 걸리버는 스스로 여행자이고 걸리버를 만나는 자는 여행과 독서를 동시에 체험한다. 여행과 독서는 똑같이 나를 생경한 환경으로 몰아넣고서 흔들리게 한 다음 결국 나를 만나게 한다. 자기를 만난 자가 자유로운 자다. 여행지에서는 누구나 자유롭다. 걸리버는 자유롭지 않을 "후손을 남기느니 차라리 죽어버리는 것이 낫다고 생각했다". 자유로운 자기를 만나지 않으면 인생에서 성과를 내기 어렵다.

여행하게 하는 근본 동력은, 내가 건너가서 생경함을 경험할 그곳을 동경하고야 마는 야생의 욕망이다. 걸리버는 야생의 충동을 억누르지 못했다. 걸리버의 가장 큰 장점은 매번 여행에서 돌아와 편안한 집에 오래 머무르지 못하는 심성을 가졌다는 것이다. 살아 있는 자는 멈추지 못한다. "낯선 나라들을 보고 싶은 줄기찬 욕망 때문에 더 이상 체류할 수가 없었다." 걸리버는 지난 여행에서 "겪은 불운에도 불구하고 더 많은 세상을 보고 싶다는 목마름"에 항상 들떠 있었다. "그 나라를 한번 둘러보면서 어떤 것들을 발견할 수 있겠는지 궁금했기 때문이다."

궁금증을 크게 가진 여행자들은 인생에서 종종 낙오한다. 걸리버도 "바다가 내 눈앞에 다시 펼쳐졌을 때, 나는 선원들이 이미 보트에 올라타 죽을힘을 다해 노를" 저으며 낙오된 나를 놓고 떠나는 광경을 바라보고만 있었다. 인생에서 준비된 낙오는 얼마나 빛나는 일인가. 고작 낙오되지 않기 위해서 몸부림치는 인생이라면, 무성영화 속의 조연이나 그들 가운데 한 명one of them 이상이 되기 어렵다. 낙오되지 않기 위해서 "죽을힘을 다해 본선 쪽"으로 노를 저었던 모든 성실한 자들은 낙오해야만 얻어지는 창의적이고 자유로운 삶의 성취를 맛보기 어려울 것이다. "본선"에서 낙오하지 않으려고 발버둥 치는 그들은 잡풀이 "6미터" 이상을 자라고 "각 계단의 높이가 2미터"나 되고 "맨 위의 돌은 6미터"나 되는 거인국을 죽어도 경험할 수 없다.

떠나는 것이 다 여행은 아니다. 여행에서는 자기가 자신에게 낯설어지거나 객관화되는 순간을 경험하는 것이 소득인데, 소득 없는 여행은 우주의 숭고한 두 축인 시간과 공간을 막무가내로 소비하는 것일 뿐이다. 어딘가로 떠나서 자기를 낯설게 하려는 인위적 활동은 그것 자체가 편안히 쉬고 싶은 감각과 출발 직전의 불안을 극복한 매우 지적인 활동이 아니겠는가. 여행은 강력한 지적 탐험이다. 당연히 걸리버에게는 이런 소양이 있었고, 또 이런 소양을 키우고 지킬 수 있는 진실성과 성실성이 있었다.

걸리버는 사업이 기울어도 "동료 의사들 중 많은 사람들이 하는 것처럼 비양심적인 행위를 따라"하지 못했다. 사업을 키우기 위해서라면 비양심적인 행위도 주고받으며 사는 대오에서 과감히 이탈할 정도로 순도 높은 양심을 가진 것이다. 양심은 자기를 자기로 지켜내는 힘이자 자유의 원천이다. 그는 "여가 시간이면 고대와 현대의 최고로 뛰어난 작가들의 작품을 읽으며 시간을 보냈다". 자기를 섬긴 사람의 대표 격인 돈키호테가 탐험에 나서기 전에 가장 먼저 재산을 팔아 책을 산 일과 겹친다. 책 읽기를 좋아하고 양심이 있는 사람은 걸리버처럼 어디를 여행하든 그 나라의 언어나 풍습이나 기질에 관심을 둘 것이다.

걸리버보다 한참이나 작은 사람들도 양심을 귀하게 다룬다. 신용은 양심의 한 양식이다. 소인국의 "그들은 사기 역시 사형으로 다스린다. 사기를 절도보다 더 무거운 범죄로 보기 때문이다". 걸리버는 "거액의 어음을 가지고 그대로 달아나서 주인에게 손해를 입힌 자"를 위해 황제에게 관용을 베풀어달라고 호소하면서 "그는 신용을 위반했을 뿐이라고" 말한다. 키만 멀대같이 큰 걸리버는 여기서 자신이 얼마나 취약한지를 드러낸다. "황제는 죄를 더 악화시키는 사유를 정상참작의 사유로 들고 있는" 걸리버를 "참으로 한심스럽게 생각"했다. "공직에 사람을 뽑을 때는 후보의 능력보다는 도덕성을 더 중시하는"데 여기에도 이유가 있다. "도덕적 성품을 가진 사람이 무지에 의해 저지른 오류는 공공 이익에 치명적인 피해를 입히지는 않는다. 그러나 부패한 경향이 있는 데다 그 자신의 부패한 심성을 숨기고, 돋보이게 하고,

옹호하는 능력을 가진 자의 고의적인 술수는 공공 이익에 돌이킬 수 없는 피해를 입힌다." 이 말을 듣고 걸리버는 "그때 정말 부끄러웠다는 것을" 고백한다. 그에게는 인간이 인간의 격을 지키는 마지막 보루인 염치가 살아 있었다. 염치만 살아 있어도 인간은 고꾸라지지 않고 다음 여행에 나설 수 있다.

그러나 인간은 쉽게 서버린다. 그렇게 되면 여행도 불가능하고 건너가기도 불가능해진다. 생각하기보다는 정해진 믿음에 갇히기 때문이다. 영국과 프랑스를 빗댄 릴리펏과 블레푸스쿠 두 강대국은 "지난 36개월 동안에 아주 끈덕지게 서로 전쟁을 해왔"는데 "그 전쟁의 발단은" "달걀을 먹기 전에 그것을 깨뜨리는 방식으로 위쪽의 넓은 부분을 깨서" 먹느냐 아니면 "달걀의 밑부분, 갸름한 부분"을 깨서 먹느냐 하는 믿음의 차이다. 장기간 목숨을 걸고 전쟁을 하게 된 일이 고작 계란의 윗부분이냐 아랫부분이냐 하는 사소한 문제였던 것이다.

작은 문제가 목숨을 걸 정도의 문제가 된 것은 그들의 양심이 원초적 율동감을 잃고 그 사소한 문제만큼 작게 굳어졌기 때문이다. 양심의 원초적 율동감이 사라지면 여행은 불가능해진다. 한자리에 멈춰 선 채 진영에 갇혀 굳건한 우리를 만든 다음 끼리끼리 공유하는 믿음에 기대 살 뿐이다. 다 각자가 자기들만의 믿음으로 의미를 정해버린 결과지만, 정작 예언자는 교리에서 "진정한 신자들은 그들에게 편리한 쪽을 택하여 달걀을 깨도록 하라"고 했다. 지금 우리의 문제를 걸리버는 300년도 전에 어떻게 알았을까?

양심은 자체에 소장하고 있는 호기심을 토대로 점점 지적으로 단련되어야 굳지 않는다. 단련은 양심이 다음을 도모하는 자세로 부단히 건너가려고 스스로 질문하는 지적 활동이다. 이 지적 활동이 결여된 양심은 "선량하지만 불필요한 것"으로 전락하여 "통치 기술을 아주 비좁은 범위로 제한"한다. "이런 결점은 무지로부터 생겨난다." 무지한 사회는 "정치를 학문으로 만들어놓지" 못한다. 정치를 지적으로 대하지 않고 감정이나 감각으로만 대한다는 뜻이다. 이러면 "기계 기술의 향상에만" 관심을 두지 그보다 한 차원 높은 "관념이라든지, 존재, 추상 및 초월 같은 개념은 아무리 해도 그들의 머릿속에" 들어갈 수가 없다.

양심이 지적으로 정련되지 않으면 기능이나 기술의 단계에 머물지 과학이나 철학의 높이로는 상승할 수 없다. 이런 수준에서는 자연과의 투쟁에서도 "도덕적 교훈을 이끌어내고, 더 나아가 불만과 번민의 문제를 유도하는 것"과 같이 "근거 없는" 투쟁에 시간과 정력을 다 쓰고 정작 더 나은 사회, 더 나은 인간으로 성장하는 추상과 초월의 관념에는 관심도 두지 않는다. 릴리펏과 블레푸스쿠처럼 두 진영으로 나뉘어 생각을 포기한 채 진영의 신념만을 앵무새처럼 떠들 뿐이다.

양심이 깨어 있는 자만 여행할 수 있다. 양심을 굳지 않게 하려면 항상 긴장해야 한다. 긴장은 온몸과 온 마음으로 금방 죽는다는 사실을 체득해야 유지된다. 죽음을 자기 자신의 일로 인식하지 않으면 사람은 풀기 없이 푹 퍼져버린다. "절대 죽지 않는다는 끔찍한 전망"은 많은 결점을 보여준다. 그런 사람들은 "독선적이고, 역정을 잘 내고, 탐욕스럽고, 심술궂고, 자만심이 상당하고, 수다스러울 뿐만 아니라 남들과 친분을 쌓지도 못하고, 모든 자연적인 애정에 무관심"하다.

무엇보다도 어떤 일에나 "전혀 호기심을 보이지 않고, 질문하지도 않는다". 건너가기란 전혀 불가능해진다. "죽지 않는 그들이 온 나라를 그들의 손아귀에 거머쥐고 국가권력을 독점할 것이다. 게다가 그들은 욕심만 많았지 관리 능력은 거의 없으므로 필경에는 나라를 멸망하게 만들 것이다." 양심이 굳어 여행하지 못하는 사람은 나라를 멸망하게 할 정도로 위험하다. 정치하려는 자는 마음속에 여행을 꿈꾸는 양심이 준비되어 있는지부터 점검하라.

호기심으로 채워진 양심을 깨워 여행을 다니면 종내에는 깨달음에 이르러 "자연의 완성"인 "후이늠"을 만나게 된다. 누구에게나 여기가 여행의 순수 절정이나 최종 목적지로 보일 수 있다. 걸리버도 "타락한 인간과 정반대 지점에 있는 저 훌륭한 네발 동물의 많은 미덕으로 인해 진정한 지혜에 눈을 떴다". 순수 절정에 이르면, "도망칠 수밖에 없는 절망적인 운명"을 부여한 "태어난 곳"으로 돌아가고 싶은 마음은 사라지고 그 순수의 영역에 머물고 싶어 한다. "태어난 곳"에서 함께 살았던 "동족의 명예는 신경쓸 가치가 없다고 생각"한다. 하지만 "최종 지혜"는 비록 순수 절정의 이미지를 갖지만, 거기에 머무르는 것을 허락하지는 않는다. "진정한 지혜"는 "고향으로 헤엄쳐 돌아가라고 명령"한다. 이 말은 "건너가기를 멈추지 말라"는 명령이자 "여행을 떠나는 것이 존재의 운명"임을 각성시키는 죽비다.

"태어난 곳"으로 돌아오는 일은 깨달은 자의 하산ﾄ이다. "절망적인 운명"에서 도망쳐 순수 절정을 만난 후, 다시 하산하여 "절망적인 운명"에 용기 있게 맞서는 여행자라야 여행의 완성자이며 건너가기의 실행자다. 이토록 길고 고단한 운명적인 여행을 가능하게 하는 힘은 어디서 나올까? 여행자를 지치지 않고 살아 있게 하는 힘은 어디서 올까? 걸리버에게 그것은 "영국의 야

후 사회를 어떻게든 견딜 만한 것으로 만들어보려는 소망"이었
다. 아하! 결국은 소망이구나!

Aesop
Aesop's Fables

8

이솝
『이솝 우화』

'내'가 궁금하면
길을 찾지 말고
이야기를 하라

논증이나 논변에 빠지는 사람보다 이야기하는 사람의 영혼이 한 뼘 더 높다. 이야기가 논변보다 시에 가깝기 때문이다. 치밀하게 짜인 논변의 숲에서 사람들은 자기를 잃는다. 누구나 이정표가 없는 곳에서는 요동치고 떨린다. 요동치고 떨려보라. 자기가 존재하고 있음을 알 수 있다. 이정표 하나 없는 곳은 많은 공터가 허용되어 누구나 들락거릴 수 있다. 거기서는 도란도란 대화가 열린다. 어떤 규제도 없다. 길도 없다. 당신은 거기서 길을 찾지 마라. 길을 내려는 자신이 보일 것이다. 자기가 궁금하면, 논변하지 말고 이야기하라. 아주 오래전에 이솝이란 사람이 펼쳐놓은 이야기 숲에서 길을 잃어보자.

『걸리버 여행기』 다음으로 『이솝 우화』를 선정하신 이유가
궁금합니다.

▎ 저는 여행하는 인간과 이야기하는 인간이 같다고 생각합니다.
여행이 한곳에 멈춰 있지 않고 건너가는 일인 것처럼, 이야기도
한곳에 멈춰 있는 논증이나 논변과는 다른 표현 형식이에요. 저
는 건너가는 인간, 여행하는 인간, 질문하는 인간 그리고 이야
기하는 인간, 이들을 다 한 부류로 이해합니다.

질문을 하거나 건너가기를 하는 사람들이 탁월성에 이르기 위
해서는 반드시 이야기할 수 있어야 해요. 삶도 옳은 삶에 묶이
지 않고 나만의 신화를 쓰는 삶을 살아야 하지요. 다시 말해서,
다른 사람의 스토리를 대신 수행하거나 따라 하는 것이 아닌 내
스토리를 구성하는 삶이어야 합니다. 자유롭고 독립적이라는

말은 스스로가 삶의 스토리 구성자로서 내 삶을 내 이야기로 그린다는 것입니다. 그래서 『걸리버 여행기』, 즉 여행하는 인간 다음으로 이야기하는 인간을 살펴보는 것은 굉장히 의미 있는 일이지요.

『이솝 우화』를 포함해서 우리가 지금까지 이야기 나눈 책들에는 일관된 주제가 있어요. 여행하는 인간이나 이야기하는 인간처럼 탁월한 인간은 모두 자기를 섬긴다는 것입니다. 이념을 섬기지 않고, 타인을 섬기지 않고, 자기를 섬기지요. 이런 사람들의 공통된 특징이 여행한다는 것입니다. 돈키호테도 여행자였고, 데미안도 여행자였어요. 특히 『걸리버 여행기』는 여행 자체를 이야기의 주제로 삼고 있지요. 저는 이들과 맥락을 같이하는 또 다른 유형이 이야기하는 자라고 생각해서, 여덟 번째 책으로 『이솝 우화』를 선정하게 되었습니다.

요즘도 많이들 『그리스 로마 신화』를 읽어요. 『그리스 로마 신화』를 읽는 목적은 무엇일까요? 제우스를 숭배하기 위해서? 그렇지 않습니다. 우리는 자기 신화를 쓰는 연료로 『그리스 로마 신화』를 이용해야 합니다. '어떻게 신처럼 자기를 섬기며 살 수 있을까?' 하는 생각이 들 때 제우스를 이용하는 것이지요. 저는 여러분들과 이런 확신을 공유하고 싶습니다. "우리의 삶은 자기 신화를 쓰는 것이다." 문명의 크기는 신화의 크기로 나타나고 그 신화의 황당무계함이 그 문명의 두께를 결정하듯, 자기 신화를 어떻게 쓰는지가 자기 삶의 전체 격조를 결정합니다. 황당무계한 삶을 이야기하고 그런 세상을 꿈꿀 때 삶도 그 안에서 크게 확장하는 거지요. 그래서 인간은 황당무계해야 합니다.

너무 틀에 박힌 삶을 살다 보면 이런저런 핑계를 대면서 쳇바퀴 같은 삶을 살게 되는 것 같아요.

▎사람이 황당무계함을 잃으면 따분하고 지루해집니다. 그리고 어딘가 불안하지요. 황당무계한 사람은 기개가 높고 가슴이 넓습니다. 이야기라는 것은 전부 황당한 거예요. 우리가 건너가고 꿈꾸는 일들도 전부 황당한 일이지요.

책에 관해 이야기해보기 전에 여덟 번째 책 『이솝 우화』의 작가를 소개하겠습니다. 기원전 6세기경에 살았던 이솝, 그리스어로는 아이소포스입니다. 기원전 5세기 중엽에 헤로도토스가 쓴 『역사』에 의하면, 이솝은 사모스섬 출신이며 이아도몬의 노예로, 이야기하는 데 재주가 있어서 이 재주로 주인 이아도몬을 많이 도왔다고 합니다. 나중에는 자유인이 되어서 전국 각지를 돌며 지혜가 담긴 이야기로 사람들에게 인기를 끌었지만, 그를 질투하던 델포이 시민들에 의해 최후를 맞이했습니다. 그는 유명세에 비해 굉장히 추남이었고, 말더듬이였다는 설도 있었으며, 심지어는 죽었다가 다시 살아났다는 설도 전해졌다고 해요.

｜『이솝 우화』가 이솝이 직접 쓴 글이 전해진 것인지, 아니면 그의 이야기를 후대 사람들이 전하면서 정리한 것인지는 정확하게 알려진 바가 없지만, 그 이후에 이런 부류의 이야기들을 으레 이솝의 우화라고 불렀다고 합니다.

기원전 6세기에 철학이 탄생하면서 말하는 것, 이야기하는 것이 굉장히 중요한 일이 되었습니다. 철학이 시작되었다는 것은 신에 대한 믿음에서 벗어나 인간이 스스로 생각하기 시작했다는 것입니다. 그 생각을 나타내는 표현 형식이 바로 말과 이야기였지요. 그때 처음으로 우리가 말하고 이야기했다고 할 수 있어요. 요즘은 이야기꾼이 질투를 받아 죽임당할 일은 없지만, 그 당시 이솝이 이런 재주로 사람들에게 질투를 받을 정도였다면 그의 이야기들이 당시에는 굉장히 권력적이었고 사회에 미치는 영향도 컸음을 알 수 있습니다.

『이솝 우화』를 이야기하기 전에 우화가 무엇인지에 대해 먼저 이야기를 나눠보아야 할 것 같아요. 우화란 이런 것입니다. 어린아이를 앉혀놓고 왜 거짓말을 하면 안 되는지 그 이유에 대해 조목조목 말한다고 해서 거짓말하는 버릇이 고쳐지지 않아요. 『피노키오』를 한번 읽게 하면 거짓말을 하지 않을 가능성이 훨씬 크지요. 다시 말해서, 거짓말하지 말라는 논증과 논변으로 구성된 주장보다 이야기가 주는 영향력이 훨씬 크다는 것입니다.

장자라는 철학자는 굉장히 설득력 있는 철학을 했는데, 그가 쓴 철학책을 보면 다 이야기책입니다. 논증이 별로 없어요. 요즘 말로 하면 스토리텔링이지요. 장자는 왜 이런 방식으로 자기의 철학을 주장했는지를 『장자』의 「우언편」에 밝혀놓았습니다. 중매에 비유해서 이야기해요.

"자기가 직접 중매하는 것보다 옆 사람이 중매한 것이 효과가 크다." 자기 딸을 중매할 때 상대방에게 딸 자랑을 해야 하잖아요. 그런데 어떤 대상을 표현할 때, 그 대상을 정면으로 놓고 조목조목 설명하는 것보다 옆에서 비끌려서 이야기하는 것이 훨씬 설득력 있다는 뜻입니다. 내가 어떤 대상을 정면으로 놓고 설명하면 그것의 옳고 그름에 대해서만 말하지만, 옆 사람은 옳고 그름을 말하는 경우가 별로 없기 때문에 이야기가 훨씬 설득력 있다는 것입니다.

우리가 지식과 지성을 사용하는 것은 이 세상을 설득하기 위함입니다. 이 세상을 설득할 때 설득력이 제일 낮은 단계, 다시 말해서 지성을 제일 낮은 수준에서 사용하는 단계가 바로 논증과 논변이에요. 이것들은 주로 옳고 그름을 따져요. 여기서 한계를 느낀 사람은 논증과 논변에서 벗어나 이야기하기 시작하고, 이야기에 한계를 느끼면 그보다 한 단계 더 올라서게 됩니다. 그것이 바로 시를 쓰는 것이지요. 논증과 논변, 이야기와 시. 여기까지가 인간의 영역이라고 불리는 것들입니다. 이것들을 넘어서면 신의 영역인 것이지요.

시로 부족한 사람은 음악의 세계로 진입합니다. 신들 옆에는 항상 음악이 있지요. 그리고 음악에도 한계를 느낀 사람은 더 높은 단계인 춤, 동작의 세계로 넘어갑니다. 옛날 무당의 활동에 음악과 춤이 기본이 되었던 것도 이 두 가지가 신의 영역에 있기 때문이에요.

논변과 이야기의 가장 큰 차이점은 빈틈, 즉 공간입니다. 논증과 논변은 빈틈을 허용하지 않고, 이야기는 공간을 허용하지요. 교수들이 학위를 심사 받는 학생들의 태도를 디펜스한다고 표현합니다. 논증, 논변에는 공격과 방어가 있어요. 내 논문의 치밀함이 공격받으면 나는 바로 방어해야 해요. 빈틈을 허용하지 않는 것이지요. 반면에 이야기는 여백이 있기 때문에 그것을 듣는 사람이 빈 공간으로 들어올 수 있어요. 바로 이때 공감이 생기는 것입니다. 이 세계의 어떤 교육, 어떤 대화도 감동과 감화가 없으면 설득력이 생기지 않아요.

이야기도 감동을 팽창시키려면 시적인 영역으로 올라서야 합니다. 인간은 신으로부터 이탈하면서 소리를 벗어나 문자를 가졌어요. 그렇지만 굉장히 수준 높은 인간들은 문자들 틈새에 소리를 심으려고 했습니다. 그것이 바로 시예요. 시는 우리가 하는 문자 활동 가운데서 유일하게 소리가 듬성듬성 심어진 것입니다. 어떻게 보면 인간의 활동 속에 신을 담아놓은 것이지요.

우화, 즉 이야기한다는 것은 자기주장에 공간을 허용한다는 것입니다. 여백을 허용하고 그 공간 속으로 상대방을 초청하는 일이지요. 이야기 안에서는 일부러 마련해놓은 공간에서 말하는 자와 듣는 자가 만날 수 있고, 이 만남에서 빚어지는 진동을 감동이라고 부릅니다. 인간은 이야기를 통해서 감동할 수 있고 설득될 수 있어요. 무엇을 공부하든, 그것이 어떤 내용이든, 자기가 확실히 알고 있으면 그것을 이야기로 풀어내고 예를 들어 설명할 수 있지요. 이야기로 풀어내지 못하는 사람은 책에 나온 개념, 사유 구조, 구성을 그대로 다시 뱉어내기만 할 뿐입니다.

책을 읽고 그것을 베끼기만 하는 사람은 절대 은유적으로 표현할 수 없겠네요.

▎창의는 이야기의 형식이고, 이미 있는 것을 다루는 것은 논변의 형식입니다. 사유하는 영혼이 과거로 기울어진 사람은 논변을 하고, 미래로 기울어진 사람은 이야기를 하지요. 이야기를 채우고 실현하는 방식으로 논변이 이루어져야지, 논변만 있고 이야기가 없으면 창의적일 수 없습니다.

이솝이 사람들에게 우화를 들려주었을 때 사람들은 이야기의 공간에서 그 내용에 관해 이런저런 생각을 했을 것 같아요.

▎이야기는 듣는 이로 하여금 무언가 궁금하게 만들고 질문하게 만들어요. 우리는 주로 질문과 대답을 대비해서 말하는데, 모든 대답은 논변에 가깝습니다. 이 세계에 존재하는 새로운 것들은

대답의 결과로 나온 게 하나도 없어요. 전부 질문의 결과지요. 즉, 이 세계에 존재하는 것은 전부 이야기의 결과입니다. 일론 머스크, 뭐 하고 있나요? 화성에 가겠다는 이야기를 하잖아요. 자기의 삶을 하나의 이야기, 하나의 신화로 구성하고 있는 겁니다. 스티브 잡스, 나폴레옹, 윈스턴 처칠, 다 이야기하는 사람이에요.

논변의 가장 기본적인 구조는 옳고 그름을 따지는 겁니다. 이 옳고 그름의 특징은 어제는 옳았던 것이 오늘은 그를 수 있다는 거예요. 저 나라에서는 옳은 것이 이 나라에서는 그르고, 상대방한테는 그른 것이 나에게는 옳을 수 있지요. 이렇듯 옳고 그름은 굉장히 상대적인 것입니다. 물론, 물리적인 옳고 그름도 있지만 사회나 삶에서의 옳고 그름은 다 상대적이에요.

지금 우리에게는 이야기가 굉장히 중요합니다. 여러분의 삶을 논증과 논변으로 구성하면 삶이 딱딱해지고 다른 사람들에게 적대적이게 되지요. 그렇지만 자기 삶이 자기의 신화를 구성하거나 스토리를 쌓는 것이라고 생각한다면 삶이 달라질 수도 있습니다.

이제 내용으로 들어가보겠습니다. 제일 먼저 어떤 우화에 대해 말씀해주실 건가요?

▮ 일단, 우화를 읽으면서 제가 예전보다 삐딱해졌는지 이전과는 다르게 해석되는 것들이 있었습니다.

예를 들면 어떤 게 있었나요?

▮ 세 가지를 골라봤습니다. 먼저 「아테나이의 채무자」예요. 채권자가 찾아와 빚을 갚으라고 해서 채무자가 기한을 연기해달라고 사정하지만 채권자는 들어주지 않습니다. 결국 채무자는 자기의 전 재산인 암퇘지를 팔아보려고 하지만 이마저도 잘 되지 않아 광고를 하지요. "암퇘지가 새끼를 잘 낳는 것은 물론이고 아주 많이 낳을 수 있다고 대답했다. 엘레우시스 밀교 축제 때는 암컷들을 낳아주고, 판아테나이아 축제 때는 수컷들을 낳아준다고 말했다. 그 말을 들은 손님이 깜짝 놀라자 채권자가 말했다. '그 정도는 놀라지 마십시오. 디오니소스 축제 때는 이 암퇘지가 당신에게 새끼 염소를 낳아줄 겁니다.'"
보통은 이 이야기를 '자기 이익을 위해서는 엉뚱한 거짓말, 불가능한 거짓말도 주저하지 않는다'라고 해석하는데, 저는 채권자가 빚을 받으려면 채무자를 도와줘야 한다고 해석했습니다. 채권자가 계속 윽박지르기만 하면 빚을 받을 수 없어요. 채권자도 빚을 받으려면 채무자를 도와줘야 합니다.

다음 이야기는 「피리 부는 어부」예요. "피리를 아주 잘 부는 어부가 그물을 가지고 바다로 갔다. 바위에 자리를 잡고 앉아 피리를 불기 시작했다." 이 사람은 피리를 불면 감미로운 피리 소리를 듣고 물고기들이 자기에게 튀어올라올 것이라고 믿은 거예요. 그런데 아무리 불어도 효과가 없었지요. "어부는 피리를 내려놓고 그물을 집어들어 물속으로 던져 많은 물고기를 잡았다." 이때 어부가 이렇게 말합니다. "내가 피리를 불 때는 파닥거리지 않더니 피리를 불지 않으니까 파닥거린다."

책에는 "때를 놓치고 어떤 일을 하는 사람에게 필요한 이야기"라고 쓰여 있는데, 저는 피리 부는 사람이 자기 멋대로 세계를 해석했다고 생각합니다. 피리를 불면 물고기들이 파닥파닥 뛸 것이라고 멋대로 해석해놓고, 피리를 불지 않을 때 물고기들이 파닥거리니까 이를 두고 불평하는 것이지요. 그래서 저는 「피리 부는 어부」가 자기 멋대로 세계를 해석하는 사람들이 이익을 챙기지 못하고 헛된 삶을 사는 것을 보여주는 이야기라고 생각합니다.

마지막으로 「시골 쥐와 도시 쥐」예요. 이 이야기는 일반적으로 '두려움과 고통 속에서 풍족하게 살기보다는 부족해도 마음 편한 쪽을 택한다'라고 해석합니다. 그런데 저는 이 우화를 어느 쪽이 더 좋다기보다 풍요로움을 누리며 사는 사람에게는 그만큼의 고통이 있다는 뜻으로 해석했습니다.

저는 책을 읽으면서 이솝이 주로 가난한 사람의 편을 드는 것 같은 느낌을 받았습니다. 가난한 사람이 마음이 편하다 혹은 편하게 살 수 있다 이런 이야기를 많이 하더라고요.

▮「시골 쥐와 도시 쥐」에 이런 부분이 나옵니다. "친구여, 잘 있게. 자네나 배 터지게 먹으며 큰 즐거움을 누리시게나. 많은 위험과 두려움을 감수하면서 말일세. 그런데 그것이 싫은 사람은 누구의 눈치도 보지 않으면서 아무 두려움 없이 보리와 곡식을 갉아 먹으며 살아갈 것이네."
가난하되 평화롭고 마음 편하게 사는 것이 좋고, 긴장하고 눈치 보며 풍요롭게 사는 것은 나쁘고. 이렇게 말하면 풍요롭게 살고 싶은 것이 잘못된 생각인가 싶거든요. 어떤 사람들은 긴장하며 사는 것보다 누구의 말도 듣지 않고 자유롭게 사는 것을 좋아

합니다. 이런 사람들은 조금 가난하게 살 수도 있지요. 그런데 반대로 자유보다는 긴장을 감수하며 풍요롭게 살고 싶은 사람들도 있는 겁니다.

그렇다면 교수님은 도시 쥐와 시골 쥐 중에서 어느 쪽에 더 가까우신가요?

┃제 이미지는 시골 쥐에 가깝겠지만 저는 도시 쥐처럼 살고 있습니다. 그렇게 사는 것이 저에게는 크게 고통스럽지 않아요. 주변 사람들은 저에게 시골 쥐로 살라고 하지만 그렇게 사는 것은 제 취향이 아닙니다. 저는 열심히 살면서 무언가를 이루어내고 싶어요. 제가 좋아하는 '백척간두진일보百尺竿頭進一步'라는 말처럼 저는 백척간두에 서서도 한 걸음 더 나아가고 싶습니다. 그래서 시골 쥐는 아닌 것 같아요.

사실 우리는 근면성실하게 뭔가를 할 때 가장 행복하잖아요. 저도 항상 그런 생각을 합니다. 언젠가 죽음의 순간이 왔을 때, 나도 뭔가를 하다가 죽었으면 좋겠다. 쉬다가 죽을 수도 있고, 하기 싫은 일을 억지로 하다가 죽을 수도 있는데, 이왕이면 내 삶에서 내 이야기를 써내려가는 도중에 내가 의도한 뭔가를 하다가 죽었으면 좋겠다. 저도 이런 생각이 들어서 교수님의 말씀이 와닿습니다.

▎『이솝 우화』에서 제가 또 재밌게 본 편이 「난파당한 사람」입니다. 아테네의 한 부자가 배를 타고 여행을 하다가 난파당한 이야기인데, 이때 부자는 바다에서 신에게 기도만 하고 있었지요. 그랬더니 옆 사람이 이렇게 말해요. "그럴 바에야 손이라도 한번 저으시오."

구원은 가만히 있을 때 오는 것이 아니라 자기가 무엇인가를 할 때 선물처럼 오는 것입니다. 죽어라고 몸부림을 칠 때 선물처럼 오는 것이 바로 구원이지요. 실제 상황에서 난파되었을 때 그 자리에 가만히 있는 것이 발견되기 더 쉬울 수도 있지만 이것은 비유입니다. 저는 이 난파선 같은 인생에서 구원이 필요하면 자기가 죽어라고 발버둥 쳐야 한다고 생각해요.

비슷한 이야기로 「소몰이꾼과 헤라클레스」가 나옵니다. "소몰이꾼이 달구지를 몰고 마을로 가는 중이었다. 도중에 달구지 바퀴가 움푹 팬 구덩이에 빠졌다. 그는 스스로 달구지를 꺼내려고 하지 않고 신들에게, 헤라클레스에게 기도만 했다. 헤라클레스가 나타나서 그에게 말했다. '바퀴를 살펴보기도 하고, 소들을 찔러보기도 한 후에 신들에게 기도해야지. 스스로 아무것도 하지 않으면서 기도해봐야 아무 소용이 없어.'"

한 가지 비유를 들어보면, 제가 가끔 만나는 예술가들 중에 훌륭한 작품들을 왕성하게 발표하다가 어느 순간 작품 활동을 하지 않는 작가들이 있습니다. 이유를 물어보면 '영감이 떠오르지 않아서'라고 해요. 그러면 저는 더 이상 그 작가들에게 기대하지 않습니다. 반면에 내 작품에 예술적인 승화가 부족하다고 판단해서 무엇인가를 계속 그리거나 만드는 사람에게는 기대하게 됩니다. 영감은 절대 가만히 바란다고 내려오는 것이 아니에요. 내가 무엇인가를 죽어라고 하면 그때 갑자기 선물처럼 오는 것이지요.

학생들에게 이렇게 물어볼 때가 있습니다. "요즘 뭐 하고 있어?" 그러면 보통 "무엇을 하려고 생각 중입니다"라는 대답이 돌아와요. 어떤 사람들은 이렇게 생각부터 하고 일을 하려고 하는데, 그러면 저는 이렇게 말합니다. "생각하고 일하는 게 아니라 일하면서 생각하는 거야."

사람은 움직이면서 무엇인가를 떠올려야 해요. 어떤 차이를 만들어내는 창의성은 어느 날 갑자기 뚝 떨어지는 게 아닙니다.

단순한 일을 지겹도록 반복하고 반복하면 어느 순간에 현현하는 것이지요. 영감도 어디서 얻는 것이 아니라 자기가 생산해내는 것입니다. 그러니까 배가 난파되었으면 신에게 기도만 할 일이 아니라 살기 위해 죽기 직전까지 발버둥 쳐야 해요. 발버둥 치다 보면 그 발버둥에 의해 자기도 모르게 살아나는 것이지요. 그것이 신으로부터 받은 선물이지, 그런 발버둥도 없이 신이 와서 덥석 구해주는 일은 없습니다.

　　확실히 우화는 이렇게 이야기하다 보면 생각에 빠지게 만드는 것 같아요.

｜「천문학자」를 보면 한 천문학자가 하늘의 별을 보며 걷다가 웅덩이에 빠지는 장면이 나와요. 그걸 본 행인이 말합니다. "여보시오, 당신은 하늘에 있는 것들을 보다가 땅에 있는 것들을 보지 못했구려."
이 이야기를 보통 '거창한 일을 한답시고 누구나 하는 작은 일조차 제대로 해내지 못하는 사람들에게 하는 이야기'라고 해석하는데 사실은 철학자 탈레스의 이야기입니다. 탈레스는 최초의 철학자로 수학과 천문학에도 정통한 사람이었지요. 하루는 탈레스가 별을 보며 길을 걷다가 웅덩이에 빠지고 그것을 본 하녀가 깔깔대며 비웃었다는 일화가 있습니다.

천문학을 공부해서 일기의 변화를 잘 알고 있었던 탈레스는 사람들이 하도 자기를 비웃으니까 어느 해에는 일식을 맞춰버려요. 사람들은 깜짝 놀랐지요. 그리고 그다음 어느 해에는 올리브가 풍년일 것을 알고 올리브 짜는 기계를 전부 사들여서 임대사업으로 큰돈을 벌기도 했습니다. 아리스토텔레스가 이 이야기를 듣고 "철학자들은 마음만 먹으면 큰돈을 벌 수 있다"라고도 했지요. 이렇듯 이 이야기는 높은 곳을 보다가 아래에 있는 하찮은 일을 처리하지 못함을 비웃는 것으로 볼 수도 있지만, 저 높은 곳에 있는 원리나 이론을 알면 일상의 작은 일은 못 해도 큰일을 할 수 있음을 보여주는 것입니다.

철학이나 천문학, 수학 같은 것들은 일상과 굉장히 거리가 있어 보여요. 더하기와 빼기는 일상과 가깝지만 수학에서 말하는 것들은 주로 멀리 있는 것이지요. 그것들은 일상의 구체적인 일들을 하나하나 처리하는 데에는 효과가 없어 보이지만, 사실은 큰 틀에서 전체적으로 이것들을 지배하고 있습니다. 다시 말해서, 일상에 필요 없는 것이 인간을 더 높은 경지로 올려주는 것이지요.

『걸리버 여행기』에서도 언급했지만, 선진국의 높이까지 올랐던 나라들은 정원이 하나의 문화로 존재합니다. 그렇지 못한 나라들은 정원이 문화로 자리 잡지 못했지요. 그 대신 이들에겐 텃밭이 있었어요. 텃밭은 배추, 무, 고추, 깻잎처럼 쓸모 있는 것을 심습니다. 반면에 정원은 배추, 무, 깻잎을 심지 않지요. 정원은 오히려 쓸모 있는 땅을 쓸모없이 다루는 것입니다. 텃밭이 쓸모 있어 보이고 정원은 쓸모없어 보이지만, 사실 정원은 쓸모 이상의 가치를 갖는 거예요. 정원의 무용한 가치가 문화에 기여하고 나라를 더 부강하고 튼튼하게 만드는 것입니다.

쓸모 있는 것을 쓸모없게 쓰는 것, 황당무계한 이야기가 될 수 있겠네요.

▎탈레스는 높은 곳을 봅니다. 시선이 높다는 것은 통제력과 영향력이 크다는 것이지요. 욕구나 의식이 텃밭에만 갇혀 있으면 시선이 높아지지 않고 통제력과 영향력도 작아집니다. 정원을 가꿀 정도의 높이를 가진다면 통제력과 영향력도 커지고, 자기의 삶이나 사회를 더 풍요롭고 자유롭게 만들 가능성도 커지는 것입니다. 따라서 탈레스가 하늘에 있는 별을 보느라고 밑에 있는 물웅덩이를 보지 못한 것은 비웃기만 할 일이 아닙니다.

이제 교수님이 뽑으신 한 문장을 알아볼까요. 이전 책들을 읽을 때는 어떤 문장을 후보로 뽑으셨을지 예상하며 읽었는데 『이솝 우화』는 예측하기가 어려웠습니다. 어떤 문장을 뽑으셨나요?

▎「암사자와 여우」에 나오는 문장입니다. 여우가 암사자에게 새끼를 고작 한 마리밖에 낳지 못한다고 면박을 주자 사자가 한 말이에요. "한 마리이긴 하지. 하지만 사자야."
우리는 잡다한 이것저것보다 내 안에 있는 황당한 덩어리, 그 꿈 하나만 가지고 있으면 됩니다. 누군가 저에게 "너는 공부도 못하고 부자도 아니잖아"라고 말한다면 저는 이렇게 말할 거예요. "나에게는 꿈과 소명이 있어. 나는 소망이 있는 사람이야."

남들과 같이 잡다한 것을 바라느니 사자 같은 유일한 내 꿈, 내 소명을 세상에 남기겠다는 의미인가요?

▎나의 부족한 점들을 당신들이 이야기하지? 그래도 나는 나를 향해 걷는 사람이야. 내 소명을 수행하는 사람이야. 나는 함부로 살지 않아. 나는 소망이 있어. 이런 배짱을 보여주는 것이지요.

내 꿈, 내 소망, 이 한 가지에 집중해서 그것을 이야기로 만들 수 있는 인생이 된다면 멋질 것 같습니다.

▎제가 뽑은 한 문장과 연결되는 이야기로 「독수리와 갈까마귀와 목자」가 있습니다. "독수리가 높은 바위에서 날아 내려와서 새끼 양 한 마리를 낚아챘다. 이것을 보고 시샘이 난 갈까마귀는 자기도 그렇게 해보고 싶어서, 요란한 소리를 내며 숫양을 내리 덮쳤다. 하지만 숫양의 폭신폭신한 털에 발톱이 박혀, 이러지도 저러지도 못하다가 목자에게 잡혔다. 목자는 갈까마귀의 날개를 꺾어서 날아가지 못하게 한 후에, 저녁이 되자 집으로 가져가서 아이들에게 주었다. 아이들이 이 새가 무슨 새냐고 묻자, 목자는 말했다. '이 새는 갈까마귀가 분명한데 독수리가 되고 싶어 하는 것 같구나.'"
자기로 살지 않고 다른 존재로 살거나 자기 소망을 펼치지 않고 다른 사람의 소망을 흉내 내는 삶을 살면, 갈까마귀의 발톱이 숫양의 폭신폭신한 털에 걸리듯이 올가미에 걸린 인생을 살게 되는 것입니다.

갈까마귀가 독수리를 부러워했던 것처럼 우리도 사실 남

들이 좋다고 하는 것을 꿈꾸잖아요. 그런데 내 꿈도, 내 소망도 아니고 심지어는 내가 잘하는 것도 아닌데 그것을 좇아서 살다 보면 갈까마귀처럼 날개가 다 꺾이는 신세가 되겠네요.

▌헤르만 헤세의 말이 맞는 것 같아요. "모든 인간은 자기 자신을 향해 걷는 것을 사명으로 한다." 자기 자신을 향해 걷는 사람, 자기 소명을 수행하는 사람, 자기 소망을 펼치려는 사람을 『이솝 우화』에서는 "나는 사자야"라는 문장에 담은 것이지요. 「여우와 큰 뱀」도 마찬가지입니다. "무화과나무가 길옆에 있었다. 여우는 큰 뱀이 자고 있는 것을 보고서 그 긴 모습이 부러웠다. 여우는 뱀과 똑같이 되고 싶어서 옆에 누워 자신의 몸을 길게 늘이려고 시도했다. 하지만 너무 무리해서 늘이다가 얼떨결에 몸이 찢어져버리고 말았다."
남을 부러워하고 남을 닮으려고 남과 자기를 비교하면 여우처럼 몸이 찢어집니다. 사람이 망가지는 첩경이 바로 자기를 남과 비교하는 거예요. 비교는 오직 자기 자신과 하는 것만이 정당화됩니다. 나머지는 전부 자기를 망가뜨리는 거예요. 비교하면서 남을 부러워하는 것도, 남을 업신여기는 것도 자기를 망가뜨리지요. 여우는 자기를 뱀과 비교하며 그것을 닮으려다가 몸이 찢어졌어요. 우리 주위의 자기 삶을 살지 않는 수많은 사람이 몸이 찢어지는 고통을 받습니다.

『이솝 우화』를 읽다 보면 공통적으로 이야기하는 게 사람의 타고난 성품은 변하지 않는다는 거예요. 성품은 변할 수 있는 게 아닐까요?

| 『이솝 우화』에서 말하는 성품은 자기만의 고유성으로 이해해야 합니다. 뱀보다 몸집이 작은 것은 여우의 고유성, 변하지 않는 성품입니다. 그런데 여우는 이것을 어그러뜨리려는 거예요. 이것과 딱 맞는 이야기가 떠올랐습니다. 「에티오피아 사람」이에요. 어떤 사람이 에티오피아 출신 노예를 샀습니다. 그는 노예의 피부색이 그런 것은 이전 주인이 무관심했기 때문이라고 생각했습니다. 그래서 그는 노예를 집으로 데리고 와서 희게 만들려고 때를 벗기고 광내는 데 사용하는 온갖 것을 동원해서 빡빡 문지르고 닦아내고 씻겼습니다. 하지만 노예의 피부색은 바꿀 수 없었습니다. 도리어 그렇게 하다가 자기만 병들어 눕게 되었습니다.

이것이 천성입니다. 우리는 종종 한 사람을 다른 사람으로 만들려고 하고 스스로 다른 사람이 되려고도 하지요. 『장자』에 비슷한 이야기가 나와요. 조나라 수릉이라는 동네에 한 젊은이가 살고 있었습니다. 당시 조나라에서 제일 번화한 도시가 한단이라는 곳이었는데, 한단의 걸음걸이─제가 볼 때는 춤 스텝 같습니다─가 유명해서 그 젊은이는 한단으로 걸음걸이를 배우러 갑니다. 하지만 거기서 걸음걸이를 다 배우지도 못하고, 오히려 자기 걸음걸이를 잊은 채 기어서 돌아왔다는 내용이에요. 이 수릉의 젊은이가 자유롭고 행복하고 최고의 경지에 오르는 방법은 자기 걸음걸이를 제대로 걷는 겁니다. 그러면 탁월해질 수 있어요. 오히려 다른 사람의 걸음걸이를 따라 하려고 하면 절대 잘할 수 없고 자기 걸음걸이마저 잊고 기어서 집에 돌아가야 하는 것입니다. 『이솝 우화』나 『장자』 모두 비슷한 이야기를 하고 있어요. 생긴 대로 살라는 것이 아니라 자기의 고유함을 지키라는 것이지요.

저는 사람마다 그릇의 크기가 다양하고, 그 크기에 맞는 자리에 있으면 그것이 행복이라고 생각해요.

┃사람은 자기 그릇을 모릅니다. 알 필요도 없고요. 우리는 자기가 가진 기질과 천성에 맞는 큰 그릇을 생각해야 합니다. 사자처럼 말이지요. 제삼자가 "이 사람은 종지야, 저 사람은 양재기야"라고 할 수는 있지만, 자기가 스스로를 종지라고 할 필요도 없고 그렇게 생각해서도 안 된다는 것입니다. 다른 사람이 나를 종지라고 하더라도 나는 스스로를 양재기라고 생각해야 해요. 자기에게 자기 자신이 항상 커야 합니다.

제가 『이솝 우화』에서 제일 중요하게 본 것이 우화라는 단어입니다. 우리의 인생을 탁월하게 만들어내는 길은 자기 삶을 신화로, 이야기로 구축하는 거예요. 저도 다시 마음을 다잡고 제 신화를 쓰는 인생을 살기 위해 노력해야겠습니다.

"한 마리이긴 하지.
하지만 사자야"

‡

‡

‡

인간은 건너가는 존재다. 건너가려는 자는 멈추지 않고 어디론
가 떠난다. 그러니 당연히 여행에 인간의 속성이 제일 많이 담겨
있다. 여행은 빈틈없이 치밀하고 꽉 찬 자기에게 일부러 빈틈을
만들고, 공간을 허용하고, 정해진 의미들을 털어내고, 시간을 낭
비하는 척하면서 스스로 흔들리게 한다. 질문은 여행이고 대답
은 멈추기다. 문명의 주도권은 질문하는 자가 쥔다. 대답은 논증
과 논변의 형태고, 질문은 자기에게 하는 이야기의 형태다.

　이야기하는 자가 질문하는 자다. 문명의 주인 자리는 논증하거
나 논변하거나 자잘하게 따지는 사람이 아니라 크게 이야기하는
자가 차지할 가능성이 크다. 어쩌다 자기만의 이야기가 하고 싶

어지면 여행을 떠나라. 자신만의 이야기가 잘 건설되지 않아도 여행을 떠나보라. 끊임없는 건너가기로 자기의 공을 이루어나가는 것이 인간으로 완성되는 길이라면, 이 여정은 필연적으로 이야기의 형식을 띠지 않을 수 없다.

논증이나 논변에 빠진 자는 크기가 작다. 더 커지고 싶은 자는 이야기를 한다. 논증이나 논변에는 여백이 없다. 오죽하면 논문을 심사받는 태도를 방어defence라고 할까. 논문은 어쩔 수 없이 공격과 방어의 현장에서 선명하게 존재한다. 빈틈이 있으면 바로 패배하는 것이 논변의 운명이다. 그런데 이야기는 오히려 빈틈을 생명으로 해서 산다.

이야기에서의 빈틈은 소비되거나 낭비되는 공간이 아니라 더욱 생명력 있는 율동감을 만들어내는 생산적 공간이다. 이야기를 듣던 자들은 이 빈틈으로 자기도 몰래 스며들어 이야기에 참여하며 결국에는 이야기의 공동 생산자로 이름을 올린다. 감동의 공유와 폭이 커진다는 말이다.

거짓말하면 안 된다는 사실을 증명한 논문을 수백 편 읽어도 거짓말을 끊기는 어렵다. 차라리 피노키오 이야기를 제대로 한번 읽으면 거짓말을 당장 끊을 수도 있다. 빈틈이 만들어내는 참여의 공간 때문이다. 이 공간에 한번 들면 감동의 파장을 피하기가 어렵다. 논증이나 논변에서 상대방은 성 밖의 존재가 되지만, 이야기에서는 성 내의 존재다. 같은 성 내에 사는 사람들끼리는 아무래도 성 밖의 사람들보다 더 친하게 지내지 않을 수 없다. 이렇게 하여 감동은 논문보다는 이야기 안에서 더욱 쉽게 발견된다.

이야기는 아버지보다는 주로 할머니에게서 많이 나왔다. 아버지는 옳거나 쓸모 있는 말씀을 주로 대낮에 하셨고, 할머니는 쓸모없이 재밌기만 한 이야기를 주로 밤에 해주셨다. 할머니의 이야기는 들을 때마다 조금씩 달랐다. 이야기꾼은 아무리 있는 것을 그대로 되풀이하더라도 생산자의 속성을 아예 포기하지 못한다. 이야기를 듣는 자도 사실은 이야기하는 자가 베풀어놓은 빈틈으로 스며들어 참여자가 되는 관계로 생산자의 역할까지도 공유한다. 그래서 들을 때마다 이야기가 달라지기도 한다. 하는 자도 할 때마다 달리 하고 듣는 자도 들을 때마다 달리 듣는 이야기의 변주에는 한계가 없다. 이야기의 변주를 따라 우리가 사는 세상은 더 많은 모양과 색깔을 갖게 된다.

이솝은 아주 오래전의 이야기꾼이다. 지금까지도 살아 있는 것 같은 느낌을 주는 이야기꾼은 그리 많지 않은데 이솝은 참 특별하다. 그의 이야기는 들을 때마다 달리 들리기도 한다. 어렸을 때

나는 「시골 쥐와 도시 쥐」이야기를 읽고 고통 속에서 풍족하게 살기보다는 부족하더라도 마음 편하게 사는 편이 더 낫다는 뜻으로 받아들였는데 이번에 읽을 때는 달랐다.

들판에서 겨우 보리와 곡식을 먹을 수 있을 뿐인 시골 쥐를 짠하게 여긴 도시 쥐가 치즈와 꿀과 무화과 등이 풍부하게 있는 도시로 시골 쥐를 데리고 갔다. 하지만 시골 쥐가 그 풍성한 먹을거리를 먹으려고 할 때마다 사람들이 갑자기 들어와서 놀라는 바람에 편히 먹을 수가 없었다. 시골 쥐는 "자네나 배 터지게 먹으며 큰 즐거움을 누리시게나. 많은 위험과 두려움을 감수하면서 말일세! 그런데 그것이 싫은 사람은 누구의 눈치도 보지 않으면서 아무 두려움 없이 보리와 곡식을 갉아 먹으며 살아갈 것이네"라고 말하며 시골로 돌아간다.

이전에는 가난하더라도 맘 편한 것이 제일이라는 교훈을 얻곤 했는데, 이번에는 풍요를 누리려면 그에 합당한 수고와 위험을 감수해야 한다는 것으로 새롭게 읽혔다. "큰 즐거움"은 "많은 위험과 두려움을 감수"하지 않으면 얻어지지 않는다. 마음의 평안을 위해 어떤 수고도 하지 않으려는 시골 쥐와 큰 즐거움을 위해 수고를 아끼지 않는 도시 쥐 사이에서 갈팡질팡하는 것이 우리네 삶의 한 형태일지도 모른다. 우리는 이렇게 이쪽과 저쪽 사이에서 흔들리면서 앞으로 나아간다.

논증이나 논변에 빠진 자들은 언제나 이미 있는 것들의 진위나 선악을 다투는 일로 바쁘다. 여기서는 무게중심이 이미 있는 것들로 조금 더 기울어 있다. 이와 달리, 이야기는 빈틈이 열려 있어서 이미 있는 것들보다 앞으로 올 것들에 관심을 더 둔다. 여기서는 무게중심이 이미 있는 것들보다 앞으로 올 것들, 그리고 그것들을 초청하는 이야기꾼인 자기에게 더 기울어 있다. 지식의 영역에도 수입자가 있고 생산자가 있다고 할 때, 생산의 순간은 논변이 아니라 이야기로 일어난다. 그래서 생산의 공간이 허용되는 이야기는 읽을 때마다 새로운 의미를 만들어 여백을 채우고 감동을 확장시킨다. 논변은 이야기를 수습할 뿐이다. 이야기꾼은 자기의 호기심에 따라 이야기를 부리는 자다. 이야기꾼은 다른 사람들보다 자기 자신에 더 가깝다. 질문하는 자가 대답하는 자보다 자기 자신에 더 가까운 것과 같은 이치다. 감동을 생산할 수 있다면 그는 큰 사람이다.

독수리가 날아 내려와서 새끼 양 한 마리를 채가는 것을 보고 갈까마귀가 자기도 한번 해보려고 "숫양을 내리 덮쳤다. 하지만 숫양의 폭신폭신한 털에 발톱이 박혀" 아무리 발버둥을 쳐도 "발톱을 빼내 도망칠 수가 없었다". 목자는 갈까마귀를 그대로 잡아서 집으로 가져갔다. "아이들이 이 새가 무슨 새냐고 묻자, 목자는 말했다. 이 새는 갈까마귀가 분명한데 독수리가 되고 싶어 하는 것 같구나." 누구나 자기가 되려고 하지 않으면 삶은 늪에 빠진다. 그래서 자기를 아는 것이 그만큼 중요한 것이다. 자기를 향해 걷는 것보다 더 어려운 일도 없지만 그에 합당한 수고와 위험을 감수하기만 하면 거기서 오는 성취와 즐거움은 가장 크다. 자기를 향해 걷지 않았던 갈까마귀는 결국 죽음의 길을 걸을 수밖에 없었다.

자기를 향해 걷지 않고 타인을 향해 걸어 갈까마귀만큼 험한 최후를 맞는 여우 이야기도 있다. 여우는 자기보다 훨씬 더 큰 "뱀이 자고 있는 것을 보고서 그 긴 모습이 부러운" 나머지 "뱀과 똑같이 되고 싶어서 옆에 누워 자신의 몸을 길게 늘이려고 시도" 하다가 "몸이 찢어져버리고 말았다". 자기를 향해 걷지 않은 자는 누가 되었든 그 정도에 따라 해를 입는다. 심하면 몸이 찢어지기도 하고 다른 사람의 먹을거리가 되기도 한다.

자기를 향해 걷는 길을 포기하고 다른 길을 걸으면 죽음은 면하더라도 얼마든지 망신을 당할 수도 있다. 사자의 모습을 부러워하던 당나귀가 "사자 가죽을 둘러쓰고서 사자 행세를" 하다가

"바람이 불어와 사자 가죽이 벗겨져 날아가버리자 당나귀의 정체가 드러났다. 그러자 모두가 달려들어 막대기와 몽둥이로 당나귀를 때렸다". 사자 가죽을 뒤집어쓰지만 않았으면 당나귀는 망신을 당할 일이 없었다. 사자를 부러워하는 당나귀의 내면은 참 초라하다. 자기를 향해 걷지 않은 내면이기 때문이다.

이야기하는 자는 크다. 이야기꾼은 자기와 가까운 사람 아니겠는가. 자주 이야기하고 들으면 사람은 커진다. 자기를 향해 걷는 자는 클 수밖에 없다. 이야기하는 자, 질문하는 자, 생산하는 자, 지도하는 자들은 모두 자기를 향해 걷는다.

"새끼를 고작 한 마리밖에 못 낳는다며" 여우가 "면박을 주자" 암사자가 조용히 한마디 한다. "한 마리이긴 하지. 하지만 사자야."

魯迅
阿Q正傳

9

루쉰
『아Q정전』

나는 아Q인가
아닌가

자기 멋대로 세상을 바라보고 덤비면 이익이 없다. 모든 지적인 공부와 수련은 자기 멋대로 세상을 해석하는 무지를 이겨내려는 겸손한 도전이다. 정신 승리법은 종종 사람들이 파멸하고 나라가 몰락하는 원인이 되기도 한다. 심리적 기대를 객관적 사실로 착각하는 외교나 내정에는 정신 승리법이 작용하고 있는데 이는 결국 쓰디쓴 좌절로 이어진다. 모욕을 당하면서도 저항하기보다는 그것이 모욕이 아니라고 스스로 자위한다. 무력감과 노예근성의 발로다. 이것을 가르쳐주고 깨우쳐주는 사람이 있다면 희망은 있다. 그렇지 않다면 희망이 없다. 책을 읽으며 내내 묻는다. 나는 아Q인가 아닌가. 나와 아Q 사이의 거리는 얼마인가.

이번 책은 루쉰의 『아Q정전』입니다. 이전에 『걸리버 여행기』 『이솝 우화』를 살펴봤고, 이번에 『아Q정전』으로 넘어왔어요. 매번 가장 먼저 드리는 질문인데, 『이솝 우화』 다음으로 『아Q정전』을 선택하신 이유가 궁금합니다.

| 다들 『데미안』의 이 구절을 기억하실 겁니다. "자기 자신을 향해 걷는 일이 제일 힘들다. 나는 내 속에서 스스로 솟아나는 것, 바로 그것을 살아보려고 했다. 그것이 왜 그토록 어려웠을까?" 그런데 이런 어려운 길을 걷는 사람에게는 선물이 주어집니다. 바로 건너가는 힘이지요. 이런 구절도 있었지요. "모든 인간은 자기 자신 이상이다."

제가 『돈키호테』부터 『이솝 우화』까지 자기를 섬기는 자, 자기가 우뚝 서 있는 자를 이야기했잖아요. 우리가 읽은 책들은 자

기를 향해 걷는 자들의 이야기입니다. 지금까지 자기를 섬기는 삶에 대해서 살펴봤으면, 이제는 자기를 섬기지 않는 자들은 어떤 삶을 살게 되는지를 살펴봐야겠다는 생각이 들어서 『아Q정전』을 골랐습니다. 『아Q정전』에서는 자기를 섬기지 않는 인간이 소용돌이치는 역사 속에서 얼마나 엉망진창이 되는지, 얼마나 초라해지는지를 확인할 수 있어요.

지금까지 읽은 책들과는 분위기가 좀 다르겠네요.

▎분위기는 조금 다르지만 주제는 같습니다.

본격적으로 『아Q정전』을 살펴보기 전에 이 책의 작가 루쉰에 대해 간략하게 소개하겠습니다. 루쉰은 1881년 청나라 저장성에서 태어났으며, 본명은 저우수런周樹人입니다. 저우수런은 루쉰 외에도 100여 개의 필명으로 문필 활동을 했습니다. 관료의 집에서 태어나 부유한 생활을 했지만, 할아버지가 뇌물 사건에 연루되고 아버지가 병으로 돌아가시면서 집안 환경이 어려워졌다고 합니다. 이후 일본으로 유학을 가서 의학을 공부하다가 강의 시간에 중국인 처형 장면이 나오는 슬라이드를 함께 보던 동료 중국인 유학생들의 무표정을 보고 분노해서 학교를 자퇴하고 번역 일을 시작했습니다. 그러던 중 1911년에 신해혁명이 일어나자 중국으로 돌아와서 교육과 문필 활동을 하다가 1936년 55세의 나이에 상하이 자택에서 병으로 세상을 떠났습니다. 주요 작품으로는 『아Q정전』 『광인일기』 『고향』 『들풀』 등이 있습니다. 너무 과대평가된 것이 아니냐는 이야기도 있지만, 중국 근현대사에서 민중을 깨우치기 위해 노력했다는 점에서는 인정해야 한다는 평가도 있습니다.

| 루쉰이 사망했을 때 시민들이 자발적으로 거리로 나와 함께 장례를 지냅니다. 그때 루쉰의 관을 덮은 천에는 민족혼民族魂이라고 쓰여 있었지요. 중국인들에게 루쉰은 민족의 혼을 일깨운 사람이었던 것입니다. 루쉰은 중국인들의 마음속 매우 깊은 곳에 위치해 있습니다. 루쉰의 사상이나 삶이 중국인들에게 끼친 영향이 아주 지대하지요.

작가 소개를 하며 이야기하셨듯이, 루쉰은 100개가 넘는 필명을 썼습니다. 그 정도로 활발한 활동을 했지요. 그 계기는 무엇이었을까요?

루쉰이 일본에서 의학 공부를 할 때 강의 시간에 중국인 처형 영상을 보게 되는데, 그는 함께 공부하던 중국 유학생들이 그것을 너무도 냉정한 표정으로 바라보는 것을 목격하고 충격을 받습니다. 그때 루쉰은 중국인은 병들었으며 육신의 병을 고치는 것보다 정신의 병을 고치는 것이 시급함을 깨닫고 중국으로 돌아와서 문필 활동과 계몽운동을 시작하지요.

조금 다른 이야기처럼 들릴 수 있겠지만, 저는 고요를 경험하는 것을 중시합니다. 고요를 경험해야만 큰사람이 될 수 있습니다. 저는 루쉰이 고요를 경험한 사람이라고 봅니다. 그렇다면 고요란 무엇일까요? 아주 조용한 것, 아무 소리도 안 나는 것, 이것은 고요가 아닙니다. 고요는 그 사람이 자신의 길을 가도록 만드는 결정적인 충격과도 같습니다. 어쩌면 골프를 칠 때 백스윙에서 다운스윙으로 내려오면서 방향이 바뀌는 교차점, 이것을 고요라고 할 수 있습니다. 이 지점에서 다운스윙의 방향, 속도, 타점 같은 것들이 결정되지요. 즉, 구체적인 동작들이 교차하는 지점을 고요라고 볼 수 있습니다.

루쉰이 일본에서 의학을 공부하면서 의사가 되는 방향으로 가고 있다가 엄청난 각성이 일어나서 방향이 급변했지요. 고요를 경험했기 때문입니다. 고요를 경험하고 그 충격과 탄성으로 전혀 다른 새 사람이 된 것이지요. 루쉰은 그냥 살던 대로 살 수도 있었어요. 의사가 되고 병원에서 환자들을 치료하며 평생을 살 수도 있었지만, 고요를 경험하고 각성하여 새 사람이 되었고 죽을 때까지 자기가 해야 할 진실한 소명을 발견한 것입니다. 인간은 고요를 통해서만 소명을 발견할 수 있어요. 고요를 경험한 그 순간이 이후의 루쉰을 만든 거지요.

저는 기독교에서 말하는 회심, 불교에서 말하는 참회도 고요의 한 형태라고 봅니다. 회심하지 않고, 참회하지 않고는 하느님과 부처님이 말씀하시는 진리를 경험할 수 없지요. 우리는 지금까지 살아왔던 방식과는 전혀 다른 방향으로 움직이는 그 순간을 가져야만 합니다. 그 순간이 너무 많을 필요는 없어요. 딱 한 번이면 됩니다.

평소 고요라는 단어를 잘 사용하지 않는데, 교수님 덕분에 고요에 대해 다시 한번 생각해보게 됩니다.

┃ 고요는 정지된 상태가 아니에요. 찰나의 순간이지요. 운동 방향을 달리하는 찰나의 순간, 그 순간의 충격입니다. 관성적으로 사는 삶의 방향에 대한 성찰, 이것이 고요를 경험할 수 있는 좋

은 방법입니다.

루쉰은 『아Q정전』에서 사람들이 빠져 있는 정신 승리법을 이 야기합니다. 정신 승리법이란 과학적이지 않고 심리적인 방법 으로 문제를 해소해버리는 겁니다. 자기가 굴욕을 당했을 때도 '나에게 굴욕감을 주는 저 사람이 나쁜 거야. 나는 착한 사람이 야. 그래서 이건 굴욕이 아니야'라고 생각해버리지요.

사람들은 왜 정신 승리에 빠질까요? 우리는 심리적으로 편안한 것을 행복으로 착각하곤 합니다. 눕고 싶을 때 눕고, 먹고 싶을 때 먹고, 자고 싶을 때 자고, 이런 심리적인 편안함을 행복이라 고 생각하는 사람이 많지요. 그런데 이것은 행복이 아니라 심리 적 안일함입니다. 행복은 자기 존재를 얼마나 확장시키고 얼마 나 독립적으로 유지하는지와 같은 문제와 관련되어 있습니다. 사람은 눕고 싶어도 눕지 않는 데서 그 '인간성'을 확인할 수 있 습니다. 먹고 싶을 때 먹는다면 동물과 차이가 없지요. 심리적 편안함을 행복이라고 안일하게 받아들이기보다는 자기 존재에 대해 철저히 물을 때 진정한 행복을 느낄 수 있을 것입니다.

제가 보기에 루쉰은 심리적 안일함을 추구했던 사람이 아니라 자기가 어떤 사람이 되어야 하는지에 대한 각성이 분명하고 자 기가 원하는 사람이 되기 위해 분투했던 사람입니다. 그런 노력과 분투가 없었으면 『아Q정전』은 나오지 못했을 겁니다. 그래서 심리적 안일함을 자기 행복으로 알고 사는 사람은 루쉰 같은 인물을 이해할 수 없지요. 삶은 결국 자기와의 투쟁입니다. 안일함을 추구하는 심리와 투쟁하는 것이지요.

심리적 안일함을 행복으로 아는 삶에서 벗어나는 방법은 무엇일까요? 소명을 찾으면 됩니다. '나는 왜 행복하지 않을까?' '나는 왜 무기력할까?' 이런 여러 가지 생각이 들 때가 있어요. 이때 되돌아보면 아마 자기가 원하는 소명이 없었을 겁니다.

> 요즘 사회 분위기도 위축되고 많은 사람이 불안을 느끼면서 소명은 뒤로 제쳐두고 안정을 선택하고 있어요. 이번 이야기가 안일함을 이겨내는 고요와 소명에 대한 것이어서 나를 변화시킬 수 있는 중요한 시간이 될 것 같습니다.

❙ 아Q가 되지 않으려면 자기 자신과 진실하게 대면해야 합니다. 그리고 무엇인가 자기가 바라는 것을 가져야 해요. 간절한 바람은 각성을 불러일으킵니다. 그리고 그러한 각성과 함께 고요를 경험하고, 그 고요 속에서 솟아나는 소명을 잡아야 합니다. 이러한 일련의 과정을 힘들고 귀찮다고 하지 않으면 나중에

가서 '나는 왜 행복하지 않지?' '사회는 왜 이러지?' '나는 이걸 하고 싶은데 구조적인 문제 때문에 못 하는 거야'라는 소리만 하게 됩니다.

교수님 말씀처럼 나를 들여다보면서 나를 알아야 하는데, 들여다볼수록 내가 어딘가 부족한 것 같고 '나는 왜 이것밖에 안 되지?'라는 생각이 들어 스스로를 돌아보지 않게 되는 것 같습니다.

❙ 그저 '오늘은 나를 들여다보는 일이나 해볼까?' 해서 자신을 볼 수 있는 게 아닙니다. 우선 자기의 소망, 즉 바라는 것이 있어야 하지요. 바라는 것이 먼저 있고 이 소망을 이루려는 나는 누구인지 들여다보아야 나의 본모습이 보이는 것입니다. 어떠한 바람도 없이 그저 오늘부터 나 자신이나 살펴보자고 해서 되는 일이 아니에요.

루쉰은 의사가 되는 게 자기의 바람인 줄 알았는데 각성을 하고 고요를 체험하면서 자기의 진짜 바람을 알게 되었고, 중국의 민중을 깨우치겠다는 소망을 가지고 중국으로 돌아와 글을 쓰게 된 거네요.

┃ 자신의 바람이 꼭 민족을 구해야겠다는 루쉰의 바람처럼 거창할 필요는 없습니다. 누구에게는 세계에서 돈을 가장 많이 벌어야겠다는 게 바람일 수 있어요. 바람은 그 사람의 여러 가지 조건 속에서 만들어집니다. 그 어떤 것이라도 자기의 각성에서 나오는 바람은 절대 자신에게 해가 되지 않습니다. 하지만 각성도 없고 바라는 것도 없으면 아Q처럼 됩니다.

아Q는 정신 승리법, 망각, 현실과 일치되지 않는 인식을 보여줍니다. 이렇게 살면 인생이 엉망진창이 된다는 것을 보여주고 있지요. 자기가 사형당하는지도 모르고 사형장으로 끌려가는 겁니다. 정신 승리법에 빠지면 아Q처럼 죽는다, 망각하면 아Q처럼 죽는다, 현실과 일치되지 않는 인식을 하면 아Q처럼 죽는다. 이것이 이 소설의 요지입니다.

소설은 중국 청나라 말기를 배경으로 하고 있어요. 아Q는 토지신과 곡식신을 모신 사당에 살지요. 사당이란 무엇입니까? 전통 이데올로기를 지키는 곳입니다. 그러한 사당에는 아무도 살지 않지요. 아무도 살지 않는 사당은 곧 전통 이데올로기의 유효성이 이미 끝났음을 의미합니다. 아Q는 이미 유효성이 끝난 이데올로기를 받드는 곳에서 살고 있어요. 그곳에서 '내가 과거에는 너희보다 잘났어'라고 생각하며 과거의 영광 속에 파묻혀 있는 것이지요.

아Q는 여전히 낡은 과거의 이데올로기를 기준으로 세상을 바라봅니다. 이러한 낡은 기준을 가지고 생각할 필요를 느끼지 못하며 살아갑니다. 생각해보지도 않고 자기와 다르면 무조건 다 배척하는 식이지요. 예를 들면, 아Q가 사는 웨이장이라는 마을에서는 의자를 '긴' 의자라고 합니다. 그런데 성안에서는 이것을 '가는' 의자라고 부르지요. 긴 의자를 가는 의자라고 하니까 아Q는 어떻게 이런 일이 있을 수 있느냐며 말도 안 된다고 해요.

조선 말기에 대부분의 지식인들이 아Q처럼 이미 유효성이 끝난 주장만 붙들고 현실과 일치하지 않은 인식을 가지고 있었어요. 주자학에서 긴 의자라고 하는데 서양에서 가는 의자라고 하자 이들을 배척한 꼴이지요. 나는 올바르고 나와 다른 것은 다 사특한 것이니 저들을 배척해야 한다는 겁니다.

조선 말기의 지식인들이 위정척사를 한 첫 번째 요인이 바로 생각하지 않았기 때문이에요. 저것이 무엇인지, 저 사람들이 왜 우리나라에 왔다 갔다 하는지 모르는 거지요. 그래서 정의의 사도

인 우리가 외부의 것들을 전부 물리치고 우리의 것을 잘 지켜야 한다고 맹신했던 것입니다. 당시 우리나라는 위정척사가 습관화되어 있었는데, 습관적이라는 말은 곧 생각하지 않고 행동한다는 뜻이에요. 생각하지 않으면 어떻게 되나요? 자기의 위치를 알지 못합니다. 자기 실력을 몰라요. 그때 우리는 고도로 발전되어가는 산업화의 물길을 몰랐고 정신적인 의지만 강하면 승리할 수 있다고 믿었어요. 이게 바로 정신 승리법이지요.

당시 조선이 얼마나 무지했냐면, 청일전쟁에서 청나라가 지자 일본이 시모노세키로 중국 관리들을 불러서 강화조약을 맺는데, 그 조약의 제1조가 '조선은 자주독립국이다'예요. 두 나라가 자기들끼리 조약을 맺는데 첫 조항에서부터 조선은 이렇다저렇다 정하고 있는 거지요. 위정척사에 빠져 생각하지 않고 현실과 일치된 인식을 갖지 못하면 그 사람의 운명은 다른 사람들이 좌지우지하는 겁니다. 아Q도 자신의 운명, 목숨을 스스로 지켜내지 못했잖아요. 재판관은 아Q에게 물건을 훔친 것에 대해 묻습니다. 그런데 혁명당에 가입도 못 한 아Q는 반란죄를 묻는 줄 알고 그것에 대해서만 대답하다가 결국 죽임을 당하지요. 생각하지 않고 현실에 맞지 않는 다른 소리만 하다가 죽은 거예요.

당시 청나라는 아Q들로 득실득실했어요. '우리는 물질문명에 대한 압박을 받고 있지만 정신문명을 가지고 있다.' '정신문명을 잘 지키면 물질문명을 이길 수 있다.' 이것들은 전혀 과학적이지도 않고 말도 안 되는 정신 승리법입니다. 정신문명이 별다른 게 아니에요. 안에 있으면 정신문명, 밖에 있으면 물질문명인 것이지요. 정신문명과 물질문명은 하나예요. 다시 말해, 안에 있느냐 밖에 있느냐의 차이일 뿐입니다. 자기들은 위대한 정신문명을 가지고 있다고, 저들은 물질문명에서 잠시 앞선 것일 뿐이라고 생각하던 청나라는 결국 다른 나라들에게 주권의 일부를 뺏기거나 영토를 할양해야 했지요. 조선도 똑같았어요. 현실과 일치된 인식을 하지 못하고 엉뚱한 판단을 하게 되는 공통 원인은, 생각하지 않는 것입니다. 이미 있는 이데올로기를 가지고 반성 없이 맹목적으로 판단하는 거예요. 아Q 같은 사람이 되는 첫 출발이 무엇일까요? 바로 생각하지 않는 것입니다.

조선 말기와 청나라의 이야기를 해주셨는데, 교수님이 보시기에 지금 우리는 어떤가요?

▎조선 말기의 지식인들과 지금의 우리에게는 같은 점이 있습니

다. 바로 생각하는 능력이 길러지지 않았다는 것이지요. 지금까지도 많은 사람이 생각을 하지 않고 여러 부분에 정신 승리법을 적용해요. 굴욕을 당하고도 굴욕이 아니라고 하고, 욕을 먹고도 그 사람들의 표현법이 그렇다며 심리적 기대와 객관적 사실을 착각합니다. 아Q가 그렇지요. 객관적 사실이 심리적 기대와 전혀 다른 것임에도 자기의 심리적 기대가 객관적 사실로 구현될 것처럼 믿거나 심리적 기대 자체를 객관적 사실로 착각합니다.

이 책을 보면 아Q가 정신 승리법을 해나가다가 갑자기 훅 죽고 소설이 끝나요. 그래서인지 책을 덮고 나서도 마음 한쪽에 찝찝함이 계속 남아 있었는데, 교수님과 대화를 나누며 생각해보니 '내가 아Q가 아닐까?' 하는 생각에 그랬던 것 같습니다.

❙ 중국인들이 루쉰을 민족혼이라고 부르는 이유는 그가 민족을 일깨웠기 때문입니다. 중국인들에게 '당신들은 아Q야. 우리는 아Q야' 이 말을 한 거지요. 그리고 이 말을 들은 사람들이 '우리가 아Q야? 그럼 아Q가 되지 말아야지' 하며 각성하는 과정을 겪은 거예요. 지금 우리는 이런 과정을 경험하지 못했습니

다. 다른 사람들을 아Q라고 할 줄만 알았지 정작 내가 아Q라는 것은 망각했던 것이지요.

소설에는 가짜 양놈과 아Q가 대비되는 모습이 보입니다. 가짜 양놈의 부인이 변발을 자른 남편의 모습에 충격을 받고 세 번이나 우물로 뛰어드는 장면이 나와요. 전통과 현대의 충돌이지요. 그런데 아Q는 사당에서 지키던 이데올로기에 빠져서 부인이 우물에 네 번 뛰어들지 않았으니 정숙한 부인은 아니라고 합니다. 이어서 이런 장면도 나와요. 아Q는 가짜 양놈이 혁명당에서 의연하게 혁명을 수행할 때 그를 무시하고 이용하기도 합니다. 그런데 나중에는 가짜 양놈에게 혁명당에 끼워달라고 부탁하지요. 이게 바로 중국의 현실을 보여주는 것입니다. 나중에는 가짜 양놈이 중국의 주도권을 잡지만, 사당에서 전통 이데올로기에 빠져 있던, 정신 승리법에 빠져 있던, 생각이 없던 아Q는 죽어갑니다. 저는 이 부분이 서양과 중국 전통의 충돌에서 서양이 점점 힘을 얻어가는 것을 암시하는 장면이라고 생각해요. 루쉰이 굉장히 지혜로운 방향을 제시한 것이지요.

당시 동양은 서양을 따라가야 하는 두 가지가 있었습니다. 바로 철학과 과학이지요. 당시 동양에는 이 두 가지가 없었어요. 루쉰은 『아Q정전』을 통해 가짜 양놈이 전통과 충돌하고, 전통을 약화시키면서 철학과 과학으로 무장해가는 모습을 보여줍니다. 그렇다면 여기서 철학과 과학이란 무엇일까요? 기본적으로 감정을 벗어나는 일입니다. 감정을, 심리를 극복함으로써 현실을 정확히 보는 것이지요. 과학科學의 과科는 잘게 쪼개서 본다는 뜻입니다. 주관적 감각에 의존하지 않고 객관적으로 세계를 들여다보는 거예요. 한편 철학을 하는 사람들은 사유를 합니다. 철학은 탈레스의 "만물의 근원은 물이다"라는 한 문장에서 시작합니다. 당시 탈레스 이외의 사람들은 "만물의 근원은 신이다"라고 믿고 있었지요. 철학은 믿음의 세계에 갇혀 있던 인간을 생각하는 주체로 해방시킵니다. 믿음에 갇히면 쉽게 감각과 감정에 빠지고 심리적 기대에 의존합니다. 철학은 감각과 감정을 극복하고 생각하게 합니다. 심리적 기대보다는 사실에 대한 객관적인 사유에 의존하지요.

소설에서 가짜 양놈은 현실에 맞춰서 변발을 자르고 혁명에 참여했습니다. 그런데 아Q는 감각과 심리에 빠져서 정신 승리법이나 하고 있는 모양새예요. 지금 우리도 이런 상태를 극복하지 못했습니다. 감각과 심리에 빠져 생각을 하지 않아요. 진영에 갇히는 것이 감각과 심리에 빠지는 것입니다. 생각 없이 자기가 추종하는 사람이라면 무엇을 해도 괜찮다고만 해요. 그 사람이

하는 일에 대해 생각해야 하는데 그러지 않고 무조건 숭배하며 다 옳다고 하는 것이지요. 그러면서 그 사람과 반대되는 사람이 하는 일은 다 나쁘다고 합니다. 루쉰이 아Q를 통해서 폭로하고자 하는 것은 이처럼 생각하지 않는 삶이 얼마나 큰 파멸로 이어지는가에 대한 것입니다.

우리는 왜 생각하기 싫어하고, 생각하지 않게 되었을까요?

| 게을러서 그렇습니다. 생각하는 것은 힘든 일인데 사람은 수고로운 일을 하려고 하지 않아요. 수고로운 일을 하는 경우는 그 일을 했을 때 더 큰 이익이 있다는 것을 알았을 때뿐이지요. 여기서 큰 이익은 무엇일까요? 소명을 완수하는 일, 큰돈을 버는 일, 더 큰 영향력을 갖는 일입니다.

소명을 발견하는 것은 폭발하는 화산의 마그마 속으로 들어갔다가 나오는 것처럼 상당히 어려운 일입니다. '내일부터는 소명을 찾아야겠다.' 이게 말처럼 쉽지가 않아요. 그런데 우리가 지금 무엇을 하든지 그것이 자기 소명이 되게 하는 방법이 딱 하나 있어요. 바로 진실하고 철저하게 묻는 것이지요. '나는 누구인가?' '나는 어떻게 살다 가고 싶은가?' '나는 어떤 사람이 되

고 싶은가?' '죽기 전에 완수해야만 하는 내 소명은 무엇인가?'
이것을 묻는 게 가장 기본입니다. 자기에게 이것을 철저하게 물
으면 스스로 어떻게 살고 싶은지가 발견되지요. 그러면 그것이
소명이 되는 것입니다. 자기가 누구인지, 어떤 사람이고 싶은지,
무엇을 원하는지에 대해 사색하지 않고는 어떤 것도 해결되지
않아요. 어떤 행복도 오지 않습니다. 자기에게 철저하고 진실하
게 묻는 것만이 자기를 향해 걷는 일이에요.

지금까지 읽은 책의 주인공들이 해왔던 일이네요.

ㅣ 자기 자신을 향해 걷는다는 게 쉽지는 않지만 걷다 보면 자기
자신 이상이 되어 있을 겁니다.

남에게 끌려가지 않고 자기가 주도해간다는 게 사실 쉬운
일이 아닙니다.

ㅣ 그렇다고 어려운 일도 아니지요. 자기가 자기에게 진실하면
돼요. 고요를 경험하면 됩니다.

저는 아Q가 혁명을 흉내 내기 시작하면서 스스로 그것에 대해 생각하고 얘기해보던 장면이 기억에 남습니다. "이 빌어먹을 운명을 혁파하자." 아Q도 생각을 했던 거예요. 그 뒤에 행동으로 잘 옮기지는 못했지만요. 저는 이번 책을 특히 더 많은 분들과 함께 읽고 이야기를 나누었으면 좋겠다고 생각했어요. 아Q인 우리가 아Q에서 벗어나 소명을 향해 나아가고 행동하길 바라면서요.

▎공자가 "덕불고필유인德不孤必有隣", 즉 "덕은 외롭지 않다. 반드시 이웃이 있다"라고 했습니다. 진실하고 철저한 소명에는 반드시 함께하는 사람이 있어요. 인간은 신비로운 동물이에요. 내가 어떤 사람이 되기를 원하면 그런 사람이 되고, 어떤 사람이 되기를 원하지 않으면 절대 그런 사람이 되지 않습니다. 뭔가를 한 단계 도약시키고 싶다면 내가 그 일을 묵묵히 해내면 돼요. 자기의 진실함을 철저히 살핀다면 찾으러 돌아다니지 않아도 함께해줄 사람이 나타납니다.

스스로에게 진실하고 철저히 질문을 던지면 찾아다니지 않아도 주변에 사람이 모이는군요.

❙ 세상을 혁명하고 싶으면 스스로를 먼저 혁명해야 해요. 자기는 혁명되지 않은 채 세상을 혁명하려고 하니까 일이 안 되는 거지요.

이제 교수님이 뽑으신 한 문장에 대해 이야기해볼까요.

❙ "바라는 것이 무엇인지 그 자신도 몰랐다." 앞 문장까지 보면 이렇습니다. "그는 길을 가면서 구걸하기로 했다. 낯익은 술집이 눈에 들어오고 낯익은 만두가 눈에 들어왔지만 다 지나쳤다. 걸음을 멈추지도 않았고 구걸할 생각도 들지 않았다. 바라는 것이 무엇인지 그 자신도 몰랐다."

아Q는 자기가 무엇을 바라는지 모르는 사람입니다. 조선 말기 주자학에 빠진 사람들도 자기가 무엇을 바라는지 모르고 죽어라고 학문만 외웠어요. 아Q도 낡고 유효성이 지난 사당에 살면서 그 이데올로기를 지킬 줄만 알았지 정작 자기 자신이 무엇을 바라는지는 몰랐던 것이지요.

아Q는 왜 정신 승리법에 빠졌을까요? 왜 쉽게 망각했을까요? 왜 현실과 동떨어진 인식을 가졌을까요? 바라는 것이 없기 때문입니다. 자기가 무엇을 바라는지를 모르기 때문이에요. 바라는 것이 있는 사람은 기준을 가지고 미리 판단하기보다 먼저 행동하고 임하려고 합니다. 반대로 바라는 것이 없는 사람은 직접 생각하거나 행동하지 않고 이미 있는 기준을 가지고 맹목적으로 판단하지요. 아Q가 그랬잖아요. 비구니가 중과 어쩐다느니, 성 안 사람들이 긴 의자를 가는 의자라고 부르는 건 틀렸다느니. 아Q는 자기의 기준을 가장 중요시해요. 거기에 맞지 않으면 사소한 것도 아주 큰 문제처럼 달려들어 잘잘못을 따지고 들지요. 아Q는 맹목적 판단으로 가득 찬 인물이고, 맹목적으로 판단만 한다는 것은 생각하지 않는다는 뜻입니다.

그래서 아Q의 가장 큰 문제는 무지입니다. 생각하지 않는다는 것은 질문하지 않는다는 것과 같은 의미예요. 자기 생각 없이 판단만 하고, 자기를 향해 걸을 줄 모르는 사람은 일의 대소를 구분하지 못합니다. 뭐가 진짜 중요한지 모르는 거예요. 그래서 큰일이 벌어지는 중에도 작은 일에 빠져 있고는 합니다. 우리도 일상생활에서 중요한 일을 먼저 해야 하는데 대개는 급한 일을 먼저 해요. 물론 급한 불부터 꺼야 할 때도 있지만, 그러다가 정작 중요한 일은 놓치는 경우가 많습니다.

"아Q는 다시 감옥에 들어왔지만 그리 걱정되지 않았다. 그는 살다 보면 감옥에 잡혀 들어올 때도 있고 종이에 동그라미를 그릴 때도 있으나, 다만 동그라미를 동그랗게 그리지 못해 그의 이력에 오점이 남았다고 생각했다." 지금 사형장에 끌려갈 준비를 하고 있는 아Q가 감옥에서 하는 걱정이 '나는 왜 동그라미를 제대로 그리지 못했을까?'예요. 그건 자기가 지금 어떤 일을 당하고 있는지 모르기 때문에 그렇습니다.

인간이 직면한 가장 큰일 중의 하나가 죽음을 향해서 가고 있다는 거예요. 이것이 지금 우리에게 남아 있는 존재론적으로 가장 큰 판이지요. 그런데 우리는 이 큰 판을 인식하지 않아요. 인생은 짧고 우리는 곧 죽어요. 이것을 철저히 인식하면 더 중요한 일부터 처리를 할 수 있습니다. 그렇지 못하면 옆집에서 우리집 대문 앞에 쓰레기봉투를 버린 일, 운전하던 중에 차가 끼어든 일이 우주적으로 큰일처럼 보이지요. 스스로 진실하고 철저하게 생각하고 발견한 소명이 있다면, 작은 일을 작은 일로 보고 큰일을 큰일로 볼 수 있습니다. 생각하지 않고 소명이 없다면 큰일을 보지 못하고 작은 일을 보지요.

죽음은 어느 날 갑자기 직면하게 되는 것입니다. 그런데 우리는 이것을 놓치고 살아요. 우리의 실존에 가장 분명한 기반은 죽음이 우리를 기다리고 있다는 것입니다. 이것을 인식하고 사유하지 않으면 자기가 지금 사형장으로 끌려간다는 사실을 잊어버리고 동그라미를 잘못 그린 것이 오점이 될까 봐 걱정하게 되는 거예요.

정신 승리법으로 현실과 동떨어진 인식을 하지 않고, 죽음을 생각하면서 먹먹함을 가지고 살아야겠네요.

❙ 아Q는 그러지 못해서 자기가 왜 죽는지도 모르고 죽어갈 수밖에 없었던 겁니다. 인생이 그렇게 엉망진창이 되는 거예요. 『돈키호테』부터 『이솝 우화』까지는 자기를 향해 걷는 사람, 자기를 섬기는 사람들의 이야기였어요. 반면에 『아Q정전』의 아Q는 자기를 섬기지 않고 자기를 향해 걷지 않는 사람의 전형이지요. 자기를 향해 걷지 않는 사람은 생각하지 않고, 생각하지 않는 사람은 자기에게 진실하지 않습니다.

소설에 우 어멈이 등장하잖아요. 아Q가 우 어멈에게 하룻밤 같이 자자고 합니다. 그래서 우 어멈에게 맞고 자오 나리에게도 맞아요. 그때 아Q는 불쑥 솟아나는 욕정으로 우 어멈을 범해보려고 했는데 그런 마음에는 진실한 교감이 없습니다. 아Q는 죽으러 가는 길에도 그때의 욕정의 기억이 남아서 우 어멈을 발견하지만 우 어멈은 그를 알아보지도 못하지요. 그녀는 아Q를 전혀 알아보지 못한 채 그저 군인들이 멘 총에만 넋을 잃고 있었습니다. 이렇듯 자기가 자기에게 진실하지 않으면 상대방과도 진실하게 연결될 수 없어요. 나 이외의 모든 존재는 다 격리된 타인으로만 존재하는 것이지요.

아Q가 죽었을 때 그의 장례는 얼마나 허망했나요. "웨이장의 여론은 당연히 한결같이 아Q가 잘못했다고 떠들어댔다. 총살당한 것이 그 잘못의 증거라고. 그가 나쁜 사람이 아니면 왜 총살을 당했겠느냐고 했다. 성 안의 여론은 좋지 않아서 다들 불만이었다." 사람들의 불만은 아Q의 목을 치지 않고 총살을 시켰다는 거예요. 한 인간의 총살에 대해 사람들이 이런 반응을 보인다면 아Q의 삶은 도대체 어떤 것일까요?

생각하지 않고 살면 이런 죽음을 맞이하네요.

❙ 자기를 궁금해하고, 자기가 무엇을 원하는지 끊임없이 묻고, 진실하고 철저하게 생각하며 자기를 향해 가는 사람에게는 반드시 그 향기를 맡고 싶어 하는 사람들이 생깁니다. 그런데 그 향기를 내뿜는 어떤 절차가 준비되어 있지 않으면 자기를 봐줄 것을 기대하지만 누구도 전혀 봐주지 않지요. 우 어멈이 아Q에

게 그랬던 것처럼요. 자기에게 진실하고, 자기 소명을 발견하고, 자기가 무엇을 바라는지 분명한 채 자기를 향해 걷는 것이 인간의 삶에서 가장 핵심적인 거예요. 이것을 간과하면 아Q처럼 누구에게도 기억되지 못하고 허망한 최후를 맞이하게 됩니다.

아Q처럼 살면 아Q가 됩니다. 아Q들이 사는 세상은 청나라 말기 같은 세상이지요. 운명을 자기 힘으로 결정할 수 없고, 어떻게 망하는지도 모르고 망하는 것입니다. 이것을 우리가 깊이 각성해야 할 시점인 것 같습니다.

"바라는 것이 무엇인지
그 자신도 몰랐다"

‡

‡

‡

소설에서 아Q가 어떤 사람인지 제대로 아는 사람은 아무도 없다. 우선 "그의 성씨를 거론하는 사람이 더는 없어서 아Q의 성씨가 무엇인지 결국 알 길이 없었다". "대관절 아Quei는 '계수나무 계桂' 자를 쓴 아구이阿桂일까, '귀할 귀貴' 자를 쓴 아구이阿貴일까?" 이름이 무엇인지도 모른다. 심지어는 본적이 어디인지도 알지 못한다. 성씨도 알려지지 않고 이름도 알 길이 없고 본적도 알려진 바가 없는 그의 존재란 얼마나 아무것도 아닌가. 이는 아Q 스스로 자기가 누구인지를 잘 모른다는 사실까지 싸잡아 폭로한다. 자기가 누구인지를 모르는 주체, 바로 아Q다.

인간에게 자기가 누구인지를 모르는 것은 가장 치명적인 약점이다. 물론 자기를 아는 것은 존재적 차원의 일이라 어떤 면에서는 또 가장 어렵기도 하다. 가장 치명적이면서 가장 어려운 이 과업을 수행하느라 우리는 이리저리 흔들리곤 한다. 하지만 분명한 '나'라는 것이 없는 것은 아니다. 자기가 누구인지를 아는 사람의 길은 곧게 높이 오르고, 자기가 누구인지를 모르는 사람의 길은 평탄하지 않은 내리막길이기 쉽다. 인생에서 누구나 탄탄대로를 달리고 싶어 하지만 그 행운이 누구에게는 허용되지 않는다. 자기를 아는 사람이라야 그 행운을 잡을 수 있다. 자기를 모르면 인생은 쉽게 엉망진창이 된다. 자기를 향해서 걸을 때의 의식 활동이 바로 생각과 사유다. 자기를 모르는 자는 생각하지 않거나 생각할 줄 모른다.

"아Q는 집이 없어서, 웨이장 마을에 있는 토지신과 곡식신을 모시는 사당에 살았다." 시간은 공간에 담긴다. "토지신과 곡식신을 모시는 사당"은 과거의 시간을 담는 공간이다. 아Q는 과거에 산다. 그래서 다른 사람과 말다툼을 할 때도 이런 소리를 질러 댔다. "우리도 옛날에는…… 네 놈보다 훨씬 잘 살았어!" 아Q는 과거를 파먹어야 배가 불렀다.

일본에 다녀오고 서양 학당을 다니던 첸 대감댁 큰아들에게서는 언제부터 변발이 보이지 않았다. 그러자 "그의 부인은 세 번이나 우물에 뛰어들었다". 아Q가 보기에 "변발이 가짜인 이상 사람 노릇을 할 자격을 진즉에 잃은 것이고, 그의 마누라가 우물에 세 번만 뛰어들고 네 번은 뛰어들지 않았으니 그녀 역시 훌륭한 여인이 못 되었다"고 보았다. 과거를 지키지 않는 것을 아Q는 참아내지 못했다.

생각은 자기를 벗어나려는 충동인 호기심이 동작하는 한 형태이므로 반드시 앞을 향한다. 생각이 없으면 지난 일을 파먹는 데 골몰한다. 생각이 없으면 대답에 빠지고, 생각을 하면 질문을 시작하는 것이 이치다. 아Q는 애석하게도 사당에 살 수밖에 없는 의식 구조를 가지고 있었다. 생각이 멈춘 자, 그래서 과거를 사는 자가 바로 아Q다.

생각이 멈추면 확증 편향이나 자기 확신에 빠진다. 생각은 속성상 호기심으로 격발되므로 개방적이다. 생각이 멈추면 개방성이 사라져 자기 확신의 성벽에 스스로 갇힌다. 생각하지 않는 자기 확신은 자기의 존재성을 희미하게 하므로 억지로 자존심을 내세우게 된다. "아Q는 자존심이 무척 강해서 웨이장 사람들은 물론이고 생원 시험 준비를 하는 동네 두 글방의 도령들조차 안

중에 없었다.” “심지어는 ‘내 아들놈이 그보다 훨씬 더 나을 거야’라고 생각했다.” 훨씬 더 압도적인 서양 문물을 눈으로 보고도 정신적으로는 동양이 더 강하다고 하거나, 조선이 더 강하다고 하면서 서양을 배우려는 태도는 갖지 않은 채 배타적인 태도를 취하며 위정척사에만 빠졌던 사람들은 대개 다 생각이 멈춘 자들이었다. 눈앞에 객관적으로 자기보다 더 강한 자가 서 있어도 애써 외면하며 사실은 자기가 더 강하다고 심리적으로 위로하는 것이다.

이런 연유로 아Q도 위정척사의 전사가 되었다. 첸 대감네 큰아들은 서양이라는 적대적 타자를 수용하는 시도를 꾸준히 한 인물로 등장하는데, 아Q는 “그를 보기만 하면 몰래 속으로 욕을 퍼부었다”. “그는 성안에 사는 사람들도 완전히 무시했다. 예를 들면 이렇다. 석 자 길이에 세 치 너비로 만든 나무 의자를 아Q가 사는 웨이장에서는 ‘긴 의자’라고 불렀다. 그런데 성안 사람들은 ‘가는 의자’로 부른다는 거였다. 그는 이건 말도 안 되고 웃기는 일이라고 생각했다.” 자기 확신에 빠지면 자기 진리에 도취되어 자기와 다른 것은 적대시하는 것 이상으로 넘어가지 못하니 무엇인가를 받아들여 더 풍부해질 일이 없다. 당연히 성장도 멈춘다. 뭘 모르고 위정척사에 빠진 사람들은 아Q처럼 “영원히 우쭐

거렸다".

　이런 태도는 정신 승리라는 몽환적 심리를 낳는다. 자기 자신에게 자기가 분명하지 않은 사람은 생각이 멈추고 정신 승리의 심리적 몽환 상태에 빠진다. 심리적 기대와 객관적 사실을 혼동하는 것이다. 동네 건달들은 "아Q를 놀리다가 결국 때리기까지 했다. 아Q는 형식적으로는 졌다". 객관적으로 패배했다는 뜻이다. 하지만 아Q는 심리적 기대에 빠져 이것을 해결해버린다. "아Q는 잠시 서서 속으로 생각했다. '아들놈에게 맞은 셈 치지. 요즘 세상은 정말 개판이라니까……' 그리고 나서 그도 아주 만족스럽게 승리한 기분이 되어 돌아갔다." 패배를 승리로 바꿔버리는 자아도취. 객관적 패배를 심리적 승리로 바꿔버리는 한 패배의 정도는 점점 더 심해질 수밖에 없다. 건달들은 오히려 더 심하게 아Q를 굴욕적인 상태로 내몬다. "아Q, 이건 자식이 아비를 때리는 게 아니라 사람이 짐승을 때리는 거야." 정신 승리법에 빠진 아Q는 이제 '짐승'으로 공인된다. 정신 승리법이라는 무기(?)를 가진 아Q는 스스로 더 깊이 무릎을 꿇는다. 이제 자기가 알아서 자기를 버러지로까지 격하시켜간다. "난 버러지야!"

　버러지를 대접해줄 사람은 드물거나 거의 없다. "자오 나리 댁이 털린 뒤 웨이장 사람들은 다들 고소하면서도 두려웠다. 아Q

도 마찬가지였다." 아Q는 도둑으로 몰려 관청으로 끌려갔다. 끌려온 이유를 묻자 아Q는 대답한다. "내가 반란을 하려고 했거든." 심리적 몽환 상태에 빠지면 객관적 사실에 자기를 맞추지 못하고 분열된다. 도둑으로 몰려서 붙들려 왔다는 사실이 자기의 분열된 심리 안에서 반란을 도모하다 끌려온 것으로 부풀려졌다. 생각은 분열된 의식을 통합시키지만 생각이 멈추면 통합된 의식도 바로 분열된다. 생각하는 능력을 갖추지 못한 인생은 의식의 분열 속에서 엉망진창이 되는 것이다. 아Q가 결국 사형을 당하는 지경까지 이른 것도 모두 자기가 자기에게 분명하지 않아 생각하는 능력이 사라진 결과다. 이런 사람은 사는 일이 무엇이고 죽는 일이 무엇인지조차 생각해본 적이 없기 때문에 죽어가는 마당에도 큰일과 작은 일을 분별하지 못한다. 아Q는 자기의 사형을 결정짓는 문서에 서명을 할 때 글을 몰라 동그라미를 그렸는데 "동그라미를 동그랗게 그리지 못한 것"이 더 신경 쓰였다. 그는 "그의 '이력'에 오점이 남았다고 생각했다".

　이것은 여유가 아니라 자기를 잃은 자의 자기 분열이다. 정신 승리와 정신분열은 매우 가깝게 있다. 죽으러 가는 길에 자기를 구경하러 나온 군중들을 보면서, 아Q는 "퍼뜩 정신이 들었다. 이것은 내 목을 날리러 가는 것이 아닌가? 그는 다급해져서 눈앞이

깜깜해지고 귀에 천둥이 치고 정신이 아득해졌다". 이런 다급한 상황에서도 아Q는 찰나적인 정신 승리나마 포기하지 못한다. 끝까지 정신 승리다. 그는 "살다 보면 원래 목이 날아갈 때도 있게 된다는" 생각을 해서, "다시 태연해지곤 했다". 그러나 사실의 전개는 심리적 위안으로 변경되지 않는다. 역사가 심리적이고 주관적인 바람이나 기도로 좌우되지 않는 것과 같다. 아Q는 어쩔 수 없이 종내에는 "두 눈이 캄캄해지고 귀가 윙윙거리고 온몸이 산산이 흩어지는" 지경을 피하지 못한다. 나라가 망하는 모습도 이러하다. 아Q가 총살을 당한 후, 주위의 사람들은 그의 죽음이 볼거리가 될 정도로 극적이지 않은 것에만 서운해하였다. "총살은 목을 치는 것보다 볼거리가 못 된다는 것이었다." 볼거리도 안 되는 사형 집행 현장을 "괜히 따라다니느라 헛고생"한 것이 불만이었을 뿐이다. 나라가 망해도 주변 나라들이 이럴 것이다.

생각하지 않으면 인생은 엉망진창이 된다. 생각하는 능력이 부족한 사람들이 사는 나라도 엉망진창이 된다. 생각이 없으니 바라는 것도 없다. 아Q는 "바라는 것이 무엇인지 그 자신도 몰랐다". 우리는 무엇을 바라는가? 지금 우리는 아Q가 아닌가? 우리가 무엇을 바라는지 우리는 아는가? 무엇인가를 바라는 주체가 자기 자신이다. 자기 자신을 향해 걷는 사람만 기꺼이 무엇을 바라는지 안다. 자기를 향해 걸을 줄 모르고, 자기가 누구인지 물을 줄 모른다면, 그 사람은 분명히 아Q다.

柳成龍

懲毖錄

10

열 번째 걸음

유성룡
『징비록』

치욕을 또 당하지
않으려면

생각하는 능력이 있으면 잘못한 후에 그 잘못이 반복되지 않도록 마음을 써서 반성한다. 생각하는 능력이 없으면 마음을 써서 반성하지 못하므로 잘못을 반복한다. 반성한 후에 남긴 기록물은 귀하다. 생각하는 능력을 갖추게 하는 계기가 되기 때문이다. 환란을 겪었는가보다 환란에 대해 어떤 마음을 가지는가가 더 중요하다. 치욕을 또 당하지 않으려면, 환란의 진실을 마주하려는 자기를 잘 살필 일이다. 환란 속에서도 사적 이익에 눈이 먼 벼슬아치들에 싸인 채 제일 높은 자리의 선조가 국가경영의 길을 잃고 정치 공학에만 빠져 있을 때, 우리에게는 그래도 유성룡과 이순신이 있었다. 지금 우리는 돌아봐야 한다. 우리는 선조인가 유성룡인가 이순신인가. 나는 누구인가.

이번 책은『징비록』입니다. 마지막 순서로 이 책을 선택하신 이유가 있을까요?

❙ 제가 '책 읽고 건너가기'를 총 열 편으로 구성하면서 이 열 편을 세 부분으로 나눠보았습니다.『돈키호테』부터『이솝 우화』까지 여덟 편,『아Q정전』한 편, 그리고『징비록』한 편입니다.『돈키호테』부터『이솝 우화』까지의 구성은 전부 자기를 섬기는 자들의 이야기예요. 저는 일부러 이 여덟 편을 자기를 향해서 걷고, 자기가 자기에게 분명하며, 스스로를 궁금해하는 사람들의 이야기로 구성했습니다. 이 책들의 등장인물처럼 자기가 자기에게 분명한 사람만이 생각을 할 수 있어요. 자기가 자기에게 분명하지 않은 사람은 자기가 무엇을 원하는지 모르고, 자기가 왜 여기 있는지, 왜 사는지도 모르지요. 그래서 이어서 자기를

섬기지 않는 삶을 살면 어떤 일이 벌어지고, 인생이 어떻게 엉망진창이 되는지를 보여주기 위해『아Q정전』을 선택했습니다. 그리고 그런 사람들이 많아지면 그 사회가 어떻게 되는지를 공유하기 위해서 마지막으로『징비록』을 뽑아봤습니다.

우리가 더 나은 사회를 만들기 위해서, 즉 도약하기 위해서는 생각하는 능력을 가져야 합니다. 생각하는 능력을 배양해야 해요. 우리는 지금까지 다른 사람이 만들어놓은 생각의 결과로 살았지 우리가 스스로 생각하는 삶은 살지 못했어요. 다른 말로 하면, 우리에게 필요한 물건을 스스로 만들어 쓴 것이 아니라 다른 사람들이 그들의 필요로 만든 물건을 수입해서 살았던 것이지요. 인간이 만들어낸 문명이라는 것은 인간의 생각이 구체화된 거예요. 남의 생각을 따라 하고 그 결과를 받아쓰는 문명은 스스로 생각하는 문명을 앞서기가 매우 어렵습니다.

생각하는 능력을 발휘하는 자를 우리는 독립적 주체라고 해요. 스스로 생각하는 존재지요. 스스로 생각하기 위해서는 자기가 자기에게 분명해야 해요. 헤르만 헤세의 말을 빌리자면, 자기를 향해서 걸을 수 있어야 하지요. 자기를 다른 사람과 비교하는 것에 빠지지 않고, 스스로와의 비교로 자기를 굳건히 세울 수 있는 사람만이 생각할 수 있습니다.

교수님은 『징비록』을 읽으면서 어떠셨나요? 저는 이 책을 읽으면서 화가 많이 났어요.

▎지난번 말했듯이 아Q처럼 생각할 줄 모르는 사람은 화를 낼 줄도 모릅니다. 순간적으로 화를 내다가도 갑자기 돌변해서 '이건 날 때린 사람이 잘못한 거야. 결국 내가 승리한 거야'라며 정신 승리법에 빠지지요. 그런데 우리는 자기 자신과 자기가 속한 공동체에 화를 낼 수 있어야 해요. 내 모습이 자기가 원하던 모습이 아니면 자기에게 화를 낼 줄 알아야 합니다.

잘못된 일을 경계해서 다시는 그 일이 일어나지 않게 하는 것, 이것을 징비라고 합니다. 이때 '징懲'은 아픈(傷, 다칠 상) 적이 있어서 경계할 줄 안다는 거지요. 여기서 아프다는 것은 상처를 입었다는 거예요. 상처를 입었을 때 우리는 상처를 계속해서 살피며 왜 이 상처가 생겼는지를 생각해봐야 합니다. 다시는 상처가 생기지 않도록 대비해야 하지요. 우리는 상처가 생기면 아파하고 그 아픔에 화를 내기도 합니다. 어떻게 보면 그것은 자기를 지키기 위한 마땅한 분노지요. 그런데 어떤 사람들은 상처를 입고도 화를 낼 줄 모릅니다. 화를 낼 줄 모른다는 것은 그것을 자기 문제로 볼 줄 모른다는 거예요. 그런 사람들이 바로 아Q

인 것이지요. 또 어떤 사람들은 화를 낼 줄만 알지 그 화를 되갚아주거나 다시 그 화를 입지 않도록 대비하지는 않습니다. 화라는 것, 분노라는 것은 굉장히 중요해요. 이 세계의 모든 창의적인 활동은 불편함과 문제를 해결한 결과지요. 여기서 이 불편함과 문제가 상처고 그것을 해결하고자 하는 동기가 분노인 것입니다.

예를 들어볼까요? 두 사람이 비슷한 시기에 김밥집을 차렸어요. 한 사람은 마땅히 할 일도 없고 김밥을 팔아 어느 정도 먹고살 수는 있을 것 같아서 장사를 시작했고, 한 사람은 김밥을 사 먹을 때마다 맛없는 김밥에 분노해서 차라리 자신이 맛있는 김밥을 만들어 팔겠다며 장사를 시작했지요. 그런데 한 사람은 얼마 못 가서 망하고 한 사람은 성공했어요. 두 사람의 차이가 무엇이었을까요? 성공한 사람은 김밥에서 문제를 느끼고 분노하여 김밥집을 차린 사람이었습니다. 문제를 해결한 김밥을 만든 것이지요.

성공하는 인간의 가장 큰 특징은 불편함과 부족함을 느끼는 겁니다. 그것을 문제로 인식하고, 그 문제를 해결하려고 덤비는 거지요. 그래서 위대해지는 거예요. 『징비록』을 읽으며 화가 나고 다시는 이런 일을 당하지 않으리라 마음먹었다면, 우리의 책 읽기는 그 목적을 달성한 겁니다.

이제 『징비록』에 대해 좀 더 깊은 이야기를 나눠볼까요? 다른 때는 제가 작가 소개를 먼저 했는데, 『징비록』은 책에 작가가 잘 드러나기 때문에 책 이야기를 하면서 작가 이야기를 해보겠습니다. 어떤 이야기를 먼저 해볼까요?

❚ 전쟁이 왜 일어났는지에 관해 먼저 이야기해보지요. 전란을 당한다는 것은 곧 나라의 힘이 약해졌다는 것을 의미합니다. 이렇게 힘이 약해지는 이유로 맹목적 평화주의가 있지요. 제2차 세계대전 때 프랑스가 독일에 점령당한 것도, 조선이 임진왜란을 겪은 것도 모두 맹목적 평화주의가 팽배했기 때문입니다. 여기서 평화주의라고 하는 것은 현대적 의미에서 말하는 것이 아니라, 긴장 속에서 위기를 대비하지 않고 전쟁이 일어나지 않은 그 상태에 그냥 빠져 있는 도덕적 경향을 말합니다.

1392년에 조선이 세워지고 1592년에 임진왜란이 일어나기까지 200년 동안 조선에는 큰 전쟁이 없었어요. 그래서 전쟁에 대비하지도 않았지요. 자기가 자기에게 분명한, 각성한 자들은 생각하는 능력이 있어서 언제 문제가 생겨도 해결할 수 있도록 늘 정신을 차린 채 주변을 살피고 경계합니다. 국가로 치면 평화 시기에도 작동해야 하는 근본 원칙들을 살피는 것이지요. 각성한 상태란 항상 전쟁을 대비한다는 뜻이에요.

당시 조선은 전쟁에 대비해놓은 것이 하나도 없었고 군 내부의 기강도 무너져 있었어요. 책을 보면 당시 일본 사람이 이렇게 말해요. "너희들은 곧 망할 것이다." 그렇게 말하면서 후추를 뿌리니까 거기 있던 조선 사람들이 후추를 줍기 위해 자기가 하던 일은 던져버리고 전부 덤벼듭니다. 나라가 유지되려면 개인이 각자의 자리를 지켜야 하는데, 그렇지 않은 모습을 보면서 일본 사람들은 알게 된 거지요. '이 나라는 기강이 무너져서 곧 망하겠구나.' 책에도 나오지만, 임진왜란이 일어나고 제일 많이 등장하는 장면이 도망가는 풍경이에요. 다 도망가지요.

장수도 도망가고, 그 밑의 병사들도 모두 도망가잖아요.

▎전부 기강이 무너졌기 때문에 그렇습니다. 1592년 이전에 조선은 맹목적 평화주의가 팽배했고, 군의 기강이 무너지면서 국제 교류를 통해 얻어야 할 정보를 수집하지 않았어요. 당시 조선에서 일본의 정보를 수집하는 장치가 통신사였는데, 임진왜

란이 일어나기 몇십 년 전부터 조선은 통신사를 거의 파견하지 않습니다. 제일 부강했던 세종 때는 파견 횟수가 굉장히 많았는데 선조 시기에는 거의 없어요. 일본에 대한 정보가 없으니 적절히 견제할 수도 없는 것이지요. 긴장을 놓고 맹목적 평화주의에만 빠져 있으니 전란에 취약한 상태가 된 것입니다.

사람들은 힘을 행사하지 않는 상태, 이것을 평화로 착각하고는 합니다. 그런데 평화는 강력한 힘으로 지키려고 애써야만 유지될 수 있는 거예요. 평화적인 태도만으로는 평화를 지키거나 만들어낼 수 없지요. 이것은 힘에 의한 통제를 강조하는 제국주의와 파시즘을 옹호하는 것과는 다릅니다. 평화를 이루려면 그 침략에 대항할 힘을 갖춰야 한다는 뜻이에요. 평화주의만으로 평화를 지킨 예는 인류 역사상 단 한 번도 없습니다.

그렇다면 사람들은 왜 이런 맹목적 평화주의에 빠질까요? 자기가 약하기 때문입니다. 책에 나오는 일화를 보면, 성종 때 일본으로 통신사를 파견했는데 그 통신사가 쓰시마섬에서 풍랑을 만나요. 그러자 조선에서는 가지고 간 선물과 국서를 쓰시마섬 도주에게 넘겨주고 돌아오라고 합니다. 그런데 나라의 평화를 지키는 힘을 갖추려면 풍랑이 잠잠해질 때까지 기다리거나 풍랑을 이겨내는 기개가 있어야 해요. 이런 기개 없이 부드러운 태도만을 평화로 생각한다면 평화를 지킬 수 없습니다. 우리가 부드럽게 대하면 상대도 부드럽게 대하겠지, 우리가 힘을 과시하지 않으면 상대방도 과시하지 않겠지 생각하겠지만 나라 간에 그런 일은 없습니다. 내가 부드럽고 약하게 행동하면 상대방은 더 강하게 나와요. 평화를 지킨다고 힘을 기르지 않으면 오히려 위기에 처하게 됩니다. 그렇기 때문에 『징비록』을 읽으면서 우리는 평화를 위해 어떤 각성을 해야 하는지 고민해볼 필요가 있습니다.

조선이 국방을 소홀히 했다는 걸 느꼈던 부분이 왕을 지킬 병사도 제대로 훈련되어 있지 않다는 점이었습니다. 이건 정말 상상도 할 수 없는 일이잖아요.

| 유성룡은 『징비록』에 제대로 된 나라, 침략을 허용하지 않는 나라가 되기 위해 지켜야 할 몇 가지를 써놓았습니다. 먼저 "국제 정세에 대해 기민하게 이해하라". 국제 정세는 자기가 원하는 대로 이해하면 안 돼요. 어떤 주체든 자기 바깥의 세계를 객관적으로 이해하고 긴장을 놓지 않은 채 부지런히 생각해야 합니다. 그래야 기개가 바로 서고 위기에도 적절히 대비할 수 있

는 거예요.

다음으로 "국무의 기강을 유지하라. 인재를 적재적소에 등용하라. 공적에 따라 공평하게 상을 줘라". 그런데 선조는 어땠나요? 선조는 공을 세운 사람을 내팽개치고 자기 수행에 따르는 사람에게만 상을 줬어요. 사적인 감정으로 이순신을 감옥에 넣고, 정작 죄를 지은 사람은 엄하게 처벌하지 않는 모습을 보입니다. 앞서 나라가 유지되려면 개인이 자기 자리를 잘 지켜야한다고 했잖아요. 그런데 쳐내야 할 이들은 쳐내지 않고 자기 자리를 잘 지키던 이들만 쳐냈으니 나라가 위태로워질 수밖에없는 것이지요.

유성룡은 벌써 5년 전에 전쟁이 일어날 것을 알고 있었습니다. 일본에서 온 사신들의 거만함을 보고 그 조짐을 읽었어요. 중요한 것은 조짐을 읽었을 때 그에 대비할 능력을 갖추었는가 하는 것입니다. 그렇지 못하면 큰 난리를 당하게 되지요. 미리 의식을 갖고 대비하는 게 핵심이에요. 그러면 어떤 재난도 무사히이겨낼 수 있습니다. 하지만 우리는 이것을 쉽게 간과하고는 하지요. 아직 일어나지 않은 일을 대비하는 게 소모적으로 느껴지거든요.

어떤 사람은 보이고 만져지는 것을 다루는 데는 익숙하지만, 보

柳成龍
懲毖錄

이지 않고 만져지지 않는 것을 꿈꾸는 데는 그 능력이 떨어집니다. 다시 말하면, 질문에 익숙하지 않고 대답에 익숙해요. 대답은 이미 있는 것을 다루고, 질문은 아직 없는 것을 꿈꾸는 일이지요. 질문이 없고 대답에 빠져 있다는 것은 이미 있는 것을 다루는 일에는 익숙하지만 아직 당도하지 않은 것을 꿈꾸는 일에는 부족하다는 의미입니다. 이처럼 질문하지 못하고 대답만 하도록 훈련되면 재난을 미리 예측하고 대비할 수 없어요. 외부의 돌발적인 위협으로부터 자기를 지킬 수 없게 되는 겁니다.

결국 『징비록』도 이전 책들처럼 생각하는 힘이 얼마나 중요한지, 생각하지 않으면 어떤 일이 일어나는지를 이야기하고 있네요.

▮ 질문하는 자는 독립적 주체입니다. 궁금증과 호기심에 의지해야 하지요. 앞서 말씀드렸듯이, 독립적 주체는 다른 사람의 생각을 따라 하는 자가 아니라 스스로 생각하는 자입니다. 자기를 섬기는 자, 자기를 궁금해하는 자예요. 이것이 이루어지지 않으면 다른 누군가로부터 침략을 당하는 것이지요.

교수님 말씀대로, 일어나지 않은 일에 대해 저도 그렇고 많은 사람이 생각하지 않을 때가 많습니다. 그냥 잘될 거야 혹은 이 정도면 잘한 거야 하고 생각하지요. 나라도 자기도 스스로 생각하는 힘이 없고 대비되어 있지 않으면 어딘가에 종속되어 끌려다닐 수밖에 없겠네요.

▍지혜의 정점에 계신 분들의 말씀을 들어보면, 그분들이 마지막으로 꼭 묻는 질문이 있어요. "너는 누구냐? 너는 너냐?" 나는 무엇을 원하고 어떻게 살다 가고 싶은지, 나를 나라고 할 수 있는 것은 무엇인지, 이것을 인식하고 자기에게 묻는 사람이 독립적인 주체예요. 이런 사람들이 많으면 그 나라는 침략당하지 않지요. 반면에 그렇지 않은 사람들이 많고 그들이 나라의 주도권을 잡고 있으면 그 나라는 침략당하는 것입니다.

임진왜란 때 명나라에게 지원군을 보내달라고 우리가 얼마나 애걸복걸했나요? 결국에는 명나라가 지원군을 보내주고 이 전쟁이 정유재란으로까지 이어집니다. 지원군이라고 그 나라를 착취하지 않는 것은 아닙니다. 그렇다고 명나라에 지원군을 요청하지 않을 수도 없고, 미리 생각하고 대비하지 않은 나라의 딜레마지요.

당시 강화조약을 맺는 과정에서도 주도권은 일본과 명나라에 있었습니다. 그 회의에 조선은 끼워주지도 않아요. 이것이 맹목적 평화주의에 빠져 있다가 침략을 당한 나라의 운명입니다. 조선 땅에서 일어난 전쟁인데 강화조약을 명나라와 일본이 맺어요. 조선의 주도권은 조선에 있지 않았어요. 제2차 세계대전이 끝나고 한반도의 주도권은 누구에게 있었어요? 소련과 미국에 있었지요. 왜 소련과 미국에 있었을까요? 우리가 힘이 없었기 때문입니다. 우리 스스로 우리의 평화를 지키지 못한 거예요.

조선 말기에도 청나라와 일본이 청일전쟁을 해서 일본이 청나라를 이깁니다. 일본은 청나라 이홍장을 시모노세키까지 불러들이고 거기서 강화조약을 맺지요. 청나라와 일본이 맺은 그 강화조약의 제1조가 "조선은 자주독립국이다"예요. 그 당시 조선은 붕당정치로 국론이 사분오열되어 있었어요. 그 말은 곧 전부 진영에 갇혀 있었다는 뜻이지요. 조선을 위하는 사람은 없고, 자기 진영을 위하는 사람만 있었어요. 이렇듯 진영에 갇혀 국론이 사분오열되면 국익을 살피지 않습니다. 그러다 보니 국가의 내정이 점점 안 좋아지는 것이지요. 진영을 위한 정치만 했지 국가를 위한 정치는 하지 못하니까 나라가 점점 힘이 없어지고 그렇게 일본에게 먹혀버린 것이지요.

붕당정치는 임진왜란 전에 시작되었고 신하들은 동인과 서인으로 나뉩니다. 이 말은 조선의 정치가 동인과 서인이라는 진영에 갇히기 시작했다는 거예요. 그러다가 각 붕당의 대표로 김성일과 황윤길이 통신사가 되어 일본에 가게 되는데, 일본의 정세를 돌아보고 온 황윤길은 일본이 전쟁을 일으킬 것 같다고 보고하고 김성일은 그렇지 않다고 합니다. 이후 유성룡이 김성일에게 진짜 전쟁을 하지 않을 것 같냐고 물었더니 그가 이렇게 대답해요. "어떻게 전쟁을 안 할 거라고 내가 확신할 수 있겠습니까? 사람들이 혹세무민하고 불안할까 봐 그렇게 대답한 것입니다." 이 말은 철저히 진영 논리입니다. 결국 이것 때문에 나라가 전쟁의 참화 속으로 빠지게 된 거예요.

조선 말기와 비교하면 그래도 임진왜란은 좀 낫습니다. 어쨌든 전쟁을 했잖아요. 명나라의 지원을 받았지만 우리가 전쟁을 하고 피를 흘렸습니다. 그런데 한일병합은 전쟁도 하지 않고 나라를 갖다 바쳤어요. 이렇게 나라를 갖다 바칠 정도라는 것은 국론에 진영 논리만 있었다는 겁니다. 왜 사태가 이 지경까지 오게 되었을까요? 이것들이 전부 무엇과 관련되어 있을까요? 생각하는 능력입니다. 자기를 향해서 걷는 독립적 주체만이 생각할 수 있어요. 그래서 우리는 『돈키호테』부터 『이솝 우화』까지 다시 한번 읽어봐야 하는 겁니다.

교수님의 말씀처럼 우리가 경각심을 가지지 않고 남에게 휘둘려 살다 보면 어느 때에 임진왜란처럼 큰일이 또 닥칠 수도 있겠네요.

| "경인년 3월에 마침내 요시토시와 통신사 일행이 함께 일본으로 출발하였다. 이때 요시토시가 공작 두 마리와 조총, 창, 칼 등을 바쳤다. 임금께서 공작은 남양군 바닷가의 한 섬에 풀어 주고 조총은 군기시(무기의 제도와 관리를 맡았던 관청)에 보관하게 하셨으니 우리나라는 이때 처음으로 조총을 가지게 되었다."

자기가 나라를 다스리는 사람이라는 각성이 있다면 나라에 없던 신무기가 들어왔을 때 그것을 모방하거나 개량할 생각을 해야 하는데 조선의 왕은 조총을 군기시에 보관하기만 했습니다. 일본은 전혀 달랐어요. 일본은 표류하던 포르투갈 상선이 번주에게 조총 하나를 상납하자 그 번주가 돈을 주고 조총 한 자루를 더 삽니다. 그리고 그것을 분해해서 다시 만들어봐요. 이렇듯 조선은 안일한 태도로 평화적 운명을 저버립니다. 이게 다

질문하지 않고 대답만 하는 습관의 결과인 것이에요.

새로운 것을 받아들이고 온전히 내 것으로 만드는 것은 생각의 결과잖아요. 아직 없는 부분까지 생각해서 만들어내고 나아가야 하니까요. 우리는 그런 것을 해본 적이 없어서 더 힘든 게 아닐까요?

▮ 맞습니다. 그래서 우리는 더더욱 스스로 생각하는 능력을 길러야 합니다. 후세대에게 호기심과 궁금증을 빼앗지 말고 생각하는 능력을 길러주는 것이지요. 생각이라는 것은 개방적이며 항상 외부로 향해 있어요. 그래서 생각하는 자는 적극적이고, 안전을 추구하기보다 모험을 더 좋아합니다. 반대로 생각하지 않는 자는 항상 안전을 추구하지요.

저는 "후손들에게 경계가 될 것이라 생각해서 상세히 적어둔다"라는 구절이 가장 와닿았습니다. 이 문장이 곧 유성룡이 『징비록』을 쓴 이유이기도 하잖아요.

▮ 우리나라에는 『징비록』 같은 기록이 많지 않습니다. 물론 『승

정원일기』나『조선왕조실록』처럼 위대한 기록들이 남아 있지만 이것들을 제외하면 기록물이 많지 않아요. 그런 의미에서『징비록』은 기록 문화가 돋보이지 않는 우리나라에 남겨진 빛나는 기록물이라는 데 의의가 있습니다.

그런데 문제는 우리나라 사람들이 이 책을 잘 보지 않았다는 데 있어요.『징비록』이 처음으로 출간된 나라는 조선이 아니라 일본입니다. 1659년에 일본 교토에서『조선징비록』이라는 제목으로 출간되었지요. 우리나라에서는 100년 후에야 다산 정약용 선생이 아들들에게 이 책을 자세히 읽으라고 권합니다. 다산 선생이 읽으라고 강조하기 전까지 조선 사람들은『징비록』을 읽지 않았어요.

다시 말해서, 역사나 문제를 보는 철저함이 일본 사람들을 따라가지 못했던 겁니다. 그 전란을 겪고 그 큰 치욕을 당하며 만든『징비록』을 후대는 읽지 않은 것이지요. 단순히 이 책을 읽지 않은 것이 문제가 아니라 어떤 문제에 철저하게 집중하지 않는 태도가 문제인 것입니다. 이번 기회에 우리가 왜 임진왜란을 당했는지, 이런 기록물을 우리는 왜 읽지 않았는지 반성해보는 것도 의미가 있습니다. 이 문제를 해결하기 위해, 우리가 더 좋은 방향으로 나아가기 위해 나는 무엇을 해야 하는지를 생각하고 그것을 실천해야 하지요.

이제 교수님의 한 문장을 말씀해주세요.

┃ "신에게는 아직 열두 척의 배가 남아 있습니다." 이것을 뽑아봤습니다. 우리가 임진왜란을 이야기할 때, 세 사람을 나란히 놓고 비교하면서 봐야 합니다. 선조, 유성룡 그리고 이순신. 이세 사람을 놓고 지금의 선조는 누구인지, 지금의 유성룡은 누구인지, 지금의 이순신은 누구인지를 살펴보아야 하지요. 그리고나서 나는 선조인지 유성룡인지 혹은 이순신인지를 생각해봐야합니다.

제가 뽑은 문장은 성웅 이순신을 이해하고 읽으면 눈물이 나지 않을 수 없습니다. 임진왜란 중에 이순신은 원균의 계략으로 감옥에 갇히고 그 소식을 들은 노모는 근심에 싸여 돌아가시지요. 이후 감옥에서 풀려난 이순신은 상복을 입고 권율 장군의 휘하로 들어가 백의종군합니다. 그러다가 셋째 아들이 전쟁 중에 죽었다는 소식을 듣게 되는데 이때 이순신은 통곡합니다. 그는 나라를 위해서 헌신했는데 나라는 이순신을 어떻게 대했나요? 이건 인간으로서 감당할 수 있는 일들이 아닙니다. 그런데 이순신은 그것을 감당해냈어요. 보통 사람들은 이런 일을 겪으면 중간에 좌절하거나 포기하지만 이순신은 감당해냅니다. 이것은 초인적인 인격의 힘이에요. 어떻게 가능했을까요?

책을 보면 이순신이 오랜 시간 함양했다는 구절이 나옵니다. "이순신은 말과 웃음이 적었으며 용모가 단정하고 성품이 조심스러워서 마치 몸을 닦고 언행을 삼가는 선비와 같았다. 그러나 내면에 담력을 가지고 있어 자기 자신을 잊고 나라를 위해 죽었으니 이는 바로 평소에 그가 자신을 함양하였기 때문에 가능한 일이었다."

우리는 자기가 함양한 정도 이상을 살기 어렵습니다. 이순신처럼 되고 싶다면 무엇을 먼저 해야 할까요? 내면을 함양해야 합니다. 이순신처럼 지식을 쌓고, 인격을 길러야 하지요. 스스로 함양하지 않으면 이순신 같은 인격을 갖추기 어렵습니다.

우리는 『돈키호테』부터 『이솝 우화』까지 자기를 함양하는 것에 관해 읽었어요. 그다음에는 『아Q정전』을 통해 자기를 함양하지 않으면 엉망진창으로 망가진다는 것을 알았습니다. 그리고 『징비록』에서 아Q 같은 사람이 많아지면 나라가 망하고 재난을 피하지 못한다는 것을 알게 되었어요. 앞의 여덟 편과 『아Q정전』 『징비록』을 관통하는 하나의 주제가 있다면 바로 '자기를 함양하라'입니다.

어떤 분들은 굳이 자기 자신으로 살아야 하냐고 물으시지만, 생각하지 않으며 살기에는 인생이 너무 짧습니다. 자기로도 살아보고 자기가 아니게도 살아보고, 자유롭게도 살아보고 종속적으로도 살아볼 정도로 인생이 길면 좋겠지만, 그러기엔 인생이 너무 짧기 때문에 내가 나로 사는 이 일만이라도 제대로 해야 합니다. 여러분이 이 책을 통해 생각하는 일의 중요성과 독립적이고 자유로운 삶의 가치를 알게 되셨으면 좋겠습니다.

"신에게는 아직
열두 척의 배가 있습니다"

‡

‡

‡

『돈키호테』『노인과 바다』『데미안』『페스트』『걸리버 여행기』
『동물농장』『어린 왕자』『이솝 우화』등을 읽으며 자기를 섬기는
일, 자기를 향해 걷는 일이 가치 있고 생산적이라는 사실을 알게
되었다. 자기를 섬기는 자는 질문을 할 수 있고, 자기를 섬기지
못하고 자기의 외부를 섬기는 자는 이미 있는 남들의 견해만 살
피는 대답에 빠진다. 질문하는 자는 우선 자기를 궁금해하는 능
력이 있다. 외부에 있는 것을 어루만지기보다는 자기 안에서 솟
아나는 것을 살아보려는 의지가 강하다. 그러기 때문에 그들은
머리에 이미 있거나 집단에서 공유하는 정해진 생각을 확대 재
생산하는 일에 빠지지 않고, 세계를 사실대로 관찰하고 독립적

으로 이해할 수 있다. 이 세계의 모든 생산은 질문의 결과다. 그래서 질문하는 자, 즉 자기를 향해서 걸을 수 있는 자가 이 세상에서는 생산의 주도권을 잡는다. 자기를 향해서 걷지 못하는 자는 세계를 사실대로 관찰하기보다는 보고 싶은 대로 보거나 봐야 하는 대로 보는 경향이 강해서 허망한 정신 승리법에 빠져 산다. 바로 『아Q정전』에 나오는 아Q다. 아Q가 많이 사는 나라는 약해진다. 나라가 약해지면, 외국의 침략을 당하거나 침략을 견디지 못하고 식민지가 되기도 한다. 나라가 약해져서 다른 나라의 침략을 받게 되는 이치가 그다지 복잡하지 않다. 당신이 아Q면 언제나 식민지 백성으로 전락한다.

자기를 궁금해할 줄 아는 사람은 인식 능력이 굳지 않고 그 이면까지도 의식을 펼칠 줄 안다. 평화는 평화고 위기는 위기인 줄만 아는 아Q들과 달리 그들은 평화 속에서 위기를 보고, 위기 속에서 평화를 그린다. 보통 사람은 평화 속에서 평화를 즐길 뿐 위기를 걱정하지 않는다고 할지라도 지도자라면 깨어 있어야 하는데, 지도자가 생각하는 능력이 떨어지면 보통 사람보다도 더 형편없어져서 부패해가는 것이 일반적인 현상이다.

유성룡의 기록에 의하면, 임진왜란이라는 전란을 자초한 이유 가운데 하나는 맹목적인 평화주의에 빠져 각성이 없었다는 점이다. 전란이 발발하기 몇 달 전, 임진년(1592) 봄에 신립을 경기도와 황해도 변방에 보내 대비 상황을 살펴보게 하였으나 활, 화살, 창, 칼 따위를 보아도 "대부분 문서상으로만 갖추고 법망을 피하고자 하였을 뿐"이었다. 별다른 대비책은 없었다. 유성룡이 신립을 만났을 때 이미 전란이 날 것을 예상하고 적들의 형세를 묻자, 신립은 "걱정할 것 없습니다"라고 대답한다.

아Q들의 공통된 특징이 있다. 현실에 대해 무지하고 자만한다는 사실이다. 유성룡이 일본의 조총까지 언급해도 신립은 여전히 "비록 조총이 있다 한들 어떻게 모두 적중시키겠습니까?"라고 정신 승리법에 빠져 있을 뿐이었다. 이때 유성룡이 한 말은 새겨들을 만하다. "나라가 태평한 지가 오래되어 군사가 나약해져 있으니, 만일 위급한 일이 생기면 적에 대항하기가 매우 어려울 것입니다." 당시 신립 같은 지도자들이 겨우 이런 정도의 정신 상태를 유지했다는 것은 정신을 제대로 차리는 일에는 관심조차 없었음을 짐작할 수 있다.

1589년 기축옥사를 계기로 동인과 서인의 갈등이 폭발하였고, 이것이 아마 선조 초기부터 만들어진 붕당정치를 더욱 심화시킨 계기가 되었을 것이다. 붕당정치는 요즘 말로 하면, 진영의 정치다.

지도자들이 진영에 갇혀 있으면 우선 생각하는 능력이 거세된다. 진영에 갇히면 생각할 필요가 없다. 진영에서 정한 이념을 확대 재생산만 하면 되기 때문이다. 그래서 결국 국가보다는 진영의 이익을 더 중시해버리는 데까지 빠질 수 있다. 진영에 갇히면 생각하는 능력이 급격히 떨어지기 때문에, 현실을 진영의 입장에서 보고 싶은 대로 보거나 봐야 하는 대로 보지 보이는 대로 바로 볼 수가 없다. 그래서 정책이나 태도가 실재적이지 않고 이념적인 경향을 띠게 된다.

신묘년(1591년) 봄에 통신사 황윤길과 김성일이 일본의 정황을 살피고 돌아왔는데, "배가 부산에 정박하자 황윤길은 반드시 전란이 일어날 것이라는 내용의 일본 정황을 급하게 보고하였다. 얼마 뒤 임금을 만난 자리에서" "김성일의 대답은 달랐다". "신은 그러한 정황을 보지 못하였습니다." 김성일은 여기에 한마디를 더 보탠다. "황윤길이 인심을 동요시키니 옳은 일이 아닙니다." 김성일은 진영에 갇혀 나라의 차원에서 사고할 수가 없었다. 국론이 통일되지 않고 진영으로 분열되어 있으면, 이런 일이 언제든지 일어날 수 있음을 알아야 한다. 유성룡이 후세를 위해 『징비록』을 남긴 이유다.

기업이 망하는 것도 먼저 스스로 망한다. 나라가 망하는 것도 먼저 스스로 망한다. 외부의 경쟁자들은 망해가는 이 기류를 타고 들어올 뿐이다. 외부의 경쟁자들은 이런 기류를 먼저 읽고 이야기한다.

임진왜란이 일어나기 6년 전인 1586년에 일본의 국왕 도요토미 히데요시의 서신을 가지고 온 "야스히로가 안동 구미를 지날 때 창을 들고 서 있는 사내들을 보더니" "너희들은 창 자루가 매우 짧구나"라고 말하면서 비웃었다. 조선의 예조판서가 술과 음식을 대접하는 자리에서 "야스히로가 후추를 뿌리니 기생과 악공들이 그것을 줍느라 서로 다투어 아수라장이 되었다". 이런 장면을 보고 야스히로가 말한다. "너희 나라는 망할 것이다. 이미 기강이 무너졌으니 어찌 망하지 않겠는가." 이런 말들을 조짐으로 읽고 대비했어야 했지만, 진영에 갇혀 생각이 끊긴 조선은 어떤 예민함도 발휘하지 못하고 그저 속수무책이었을 뿐이다.

『징비록』을 남긴 유성룡도 나라를 완전히 뺏기지 않고 보존할 수 있었던 결과를 자신에게서 찾지 못한다. "이러한 일을 겪고도 지금 우리가 살아 있는 것은 하늘이 도와주신 것이다. 또한 선대 임금의 어질고 후덕한 은택이 백성의 마음에 굳게 맺혀 있어 백성들이 나라를 사모하는 마음이 그치지 않고, 성상께서 명나라를 섬기는 정성이 황제를 감동시켜 천자국이 제후국을 돕기 위해 여러 차례 군대를 보내주었기 때문이다. 만약 이러한 일들이 없었다면 우리나라는 위태로웠을 것이다."

진영의 좁은 시각에 갇혀 스스로 힘을 기르려는 노력을 게을리 하다가 외국의 힘을 빌려 나라를 살려놓으면, 분명히 그 나라의 속국으로 전락할 뿐이다. 조선이 긴 시간 명나라와 그런 관계였다. 『징비록』을 읽으면, 우리가 어떤 태도를 가져야 하는지 분명해진다.

당시 민심은 침략하러 온 일본군이나 도와준다고 온 명군을 별차이 없이 대했다. "백성들 사이에서는 '왜군은 얼레빗, 명군은 참빗'이라는 말이 나돌 정도였다." 명나라의 원군은 철저히 자신의 이익대로 움직였다. 명나라뿐만 아니라 외국에서 온 원군이라면 모두 그렇다. 선조는 "일본과 결전을 벌여야 한다"고 했지만 명나라 군대는 듣지 않았다. 그들은 "강화를 통한 전쟁의 종료만을 기대할 뿐"이었다. 퇴각하는 "일본군을 추격하려는 조선군을 적극 제지하며 일본군의 무사 퇴각을 책임질 정도였다".

임진왜란 300년 후에 청나라와 일본은 다시 한반도를 놓고 전쟁을 벌였다. 청나라와 일본이 전쟁을 끝내고 시모노세키에서 강화조약을 맺는데, 조약의 제1조가 "조선이 완전무결한 자주독립국임을 확인"하는 것이었다. 외국의 두 나라가 전쟁을 하고 맺은 강화조약 제1조가 뜬금없이 "조선이 자주독립국임을 확인"하는 것이라니, 생각하는 능력이 사라지고 진영에 갇혀 좁게 사는 것이 일상이 되면 언제라도 이런 상황에 처할 수 있다. 1592년에도 당할 수 있고, 1895년에도 당할 수 있다. 2000년대 언제라도 당하지 않으리란 보장이 없다. 평화가 오래 지속되어 맹목적 평화주의가 판을 치는 데다가 또 그 속에서 위기를 읽어낼 수 있는 지적 사고력이 갖춰지지 않으면 언제라도 당할 수 있다.

전란 당시 우리에게는 그래도 이순신이 있었다. 이순신은 정해진 생각에 갇히지 않고, 그 벽을 넘어서는 사고력을 가지고 있었다. "경상 우수사 원균과 좌수사 박홍은 왜선의 규모만 보고 지레 겁을 먹고, 우리 군의 화력과 우수한 선박 운용법은 활용해보지도 않은 채 배와 무기를 버리고 말았다." 그러나 이순신은 "조총의 사거리가 함포에 비해 떨어진다는 사실을 알고 있었고, 판옥선에는 함포를 탑재할 수 있다는 결정적인 장점에 주목했다. 그리하여 이순신은 불패 신화를 창조해낼 수 있었다". "신에게는 아직 열두 척의 배가 있나이다"라는 비장한 명언은 단순히 심리적이거나 의지적인 것이 아니었다. 그 뒤에는 함포와 판옥선이라는 산업적이고 기술적인 성취가 버티고 있었고, 그 성취를 관찰하는 사고력이 있었다.

"신에게는 아직 열두 척의 배가 있나이다"라는 말을 토할 수 있는 내공은 갑자기 나오지 않는다. "평소에 그가 자기를 함양하였기 때문에 가능한 일이었다." 누구에게나 모범이 되는 이런 문장은 자기를 함양하고, 자기를 궁금해하고, 자기를 향해서 걸을 수 있는 사람에게서만 나온다. 그런 사람이 걷는 비장한 길을 다시 음미해보는 것이 더 나은 사람이 되고 싶은 모두가 의무로 받아들여야 할 일이다.

"그리하여 조정에서는 이순신을 한 차례 고문하여 사형을 감해주고, 관직을 삭탈하고 사졸로서 군을 따르게 하였다. 이순신의 노모는 아산에 살고 있었는데 이순신이 옥에 갇혔다는 소식을 듣고 걱정하고 근심하다가 세상을 떠났다. 이순신이 옥에서 나와 아산을 지날 때 상복을 입은 채로 곧장 권율의 휘하로 들어가 종군하니, 사람들이 이를 듣고 슬퍼하였다." 상복을 입은 채로 아산을 지나던 이순신, 그는 혹시 자기를 향해서 걸었던 것이 아닐까?

감사의 글

  이석연 변호사님과 책 읽기의 중요성에 관해서 얘기하다가 제가 언론을 통해서 알게 된 개그맨이자 사업가인 고명환 대표를 언급했더니, 이석연 변호사님께서 그런 분들은 한번 만나보는 것이 좋겠다고 하셨습니다. 당시 고명환 대표님은 『책 읽고 매출의 신이 되다』라는 책을 낸 후 여기저기 인터뷰를 할 때였는데, 『주간동아』의 송화선 기자에게 만나게 해달라고 부탁하였습니다. 2017년 12월의 일입니다. 그때 고명환 대표와 나눈 대화가 『주간동아』 1117호에 '기승전 책을 읽자'라는 제목으로 실렸습니다.

  새로운 세계관과 새로운 태도로 새 세상을 열어야 한다는 뜻으로 (사)새말새몸짓을 설립하였습니다. (사)새말새몸짓 사업의 일환으로 '책 읽고 건너가기' 운동을 했던 것입니다. 열 권의 책을 읽고 고명환 대표와 나눈 대화와 「광주일보」에 실었던 저의 독후감을 묶어 책으로 냅니다. 「광주일보」 측에서는 김미은 기자께서 전담하여 인도해주셨습니다.

미래 인재 육성을 목적으로 오황택 이사장님의 지원과 여러 교수님의 협력으로 건명원을 설립하였습니다. 저는 거기서 4년간 초대 원장으로 봉직하였습니다. 저한테 배운 적도 없는 건명원 5기 박치호 대표가 건명원 정신과 일치하는 사업이라고 여겨 스튜디오를 내어주고 촬영을 해주어서 유튜브 방송을 할 수 있었습니다. 박치호 대표와 함께 건명원 5기 권동원, 이기창, 강성훈, 김지원 동지들과 엄현주 님도 적극적으로 도와주었습니다.

이윤미 박사는 원고를 읽고 최종 교정을 맡아주었습니다.

(사)새말새몸짓의 김재익 사무국장도 당연히 해야 할 일로 알고 일이 순조롭게 진행되도록 땀을 많이 흘렸습니다.

출판사 열림원의 정중모 대표님은 함평 호접몽가까지 직접 오셔서 출판을 제의해주셨고, 열림원 편집부에서는 정성을 다해 책으로 만들어주셨습니다.

모든 분과 기관에 진심으로 감사드립니다.

무엇보다도 '책 읽고 건너가기' 운동이 실행될 수 있었던 것은 (사)새말새몸짓의 정회원과 후원 회원님들 덕분임은 두말할 나위 없겠습니다. 특별히 감사 인사 올립니다.

그리고 유튜브 실시간 방송에 참여해주신 분 모두 제게는 특별한 분들이었습니다. 특히 대구에서 '최진석과 함께 책 읽고 건너가기'를 결성하여 활발하게 참여해주셨던 이면우 회장님과 회원님들 모두에게도 특별한 마음으로 인사를 올립니다.

유튜브 방송 중에 언젠가 함평에서 한번 모이자고 약속했었는데, 그 약속을 지킬 수 있는 어느 날이 얼른 오기를 바랍니다.

2022년 7월 최진석

참고

—

미겔 데 세르반테스, 안영옥 옮김, 『돈키호테』, 열린책들, 2014

앙투안 드 생텍쥐페리, 황현산 옮김, 『어린 왕자』, 열린책들, 2015

알베르 카뮈, 김화영 옮김, 『페스트』, 민음사, 2011

헤르만 헤세, 이순학 옮김, 『초판본 데미안』, 더스토리, 2017

어니스트 헤밍웨이, 김욱동 옮김, 『노인과 바다』, 민음사, 2012

조지 오웰, 도정일 옮김, 『동물농장』, 민음사, 2001

조너선 스위프트, 이종인 옮김, 『걸리버 여행기』, 현대지성, 2019

이솝, 박문재 옮김, 『이솝 우화 전집』, 현대지성, 2020

루쉰, 이욱연 옮김, 『루쉰 독본』, 휴머니스트, 2020

유성룡, 오세진 신재훈 박희정 옮김, 『징비록』, 홍익출판미디어그룹, 2020

나를 향해
걷는
열 걸음

초판 1쇄 발행 2022년 7월 20일
초판 5쇄 발행 2024년 9월 30일

지은이 최진석
펴낸이 정중모
펴낸곳 도서출판 열림원

출판등록 1980년 5월 19일(제406-2000-000204호)
주소 경기도 파주시 회동길 152
전화 031-955-0700
팩스 031-955-0661   **페이스북** /yolimwon
홈페이지 www.yolimwon.com   **트위터** @yolimwon
이메일 editor@yolimwon.com   **인스타그램** @yolimwon

기획실 정재우
편집 김종숙 박지혜 김은혜 정소영 김혜원   **온라인사업** 서명희
디자인 강희철   **제작** 윤준수
표지 및 본문 디자인 석윤이   **영업 관리** 고은정
마케팅 홍보 김선규 고다희   **회계** 홍수진

© 최진석, 2022

ISBN 979-11-7040-125-4 03100